CONFLITO E COOPERAÇÃO ENTRE GERAÇÕES

sesc
SERVIÇO SOCIAL DO COMÉRCIO
Administração Regional no Estado de São Paulo

Presidente do Conselho Regional
Abram Szajman

Diretor Regional
Danilo Santos de Miranda

Conselho Editorial
Ivan Giannini
Joel Naimayer Padula
Luiz Deoclécio Massaro Galina
Sérgio José Battistelli

Edições Sesc SP
Gerente Marcos Lepiscopo
Adjunta Évelim Lúcia Moraes
Coordenação Editorial Clívia Ramiro, Isabel M. M. Alexandre
Produção Editorial Ana Cristina Pinho
Produção Gráfica Katia Verissimo
Colaboradores desta Edição Hélcio Magalhães, Fabio Pinotti

Coleção Sesc Acadêmica
Coordenação Marta Colabone e Andréa de Araújo Nogueira
Apoio José Olímpio Zangarine

José Carlos Ferrigno

CONFLITO E COOPERAÇÃO ENTRE GERAÇÕES

sesc

Preparação
Cristina Marques

Revisão
Ana Sesso Revisão Ltda.
Luciana Moreira

Capa
Mariana Bernd

Diagramação de capa e miolo
Neili Dal Rovere

F416c

Ferrigno, José Carlos
    Conflito e cooperação entre gerações. / José Carlos Ferrigno; São Paulo : Edições Sesc SP, 2013.
    232 p.

    ISBN 978.85.7995.065.0

    1. Lazer. 2. Envelhecimento. 3 Interação Geracional. I.Título. II. Serviço Social do Comércio.

CDD-305

Copyright © 2013 Edições Sesc SP
Todos os direitos reservados

SESC SÃO PAULO
EDIÇÕES SESC SP
Av. Álvaro Ramos, 991
03331-000 – São Paulo – SP
Tel. (55 11) 2607-8000
edicoes@edicoes.sescsp.org.br
www.sescsp.org.br

Sumário

Apresentação
9   A arte do encontro
Danilo Santos de Miranda

Prólogo
13   Intergeracionalidade: novos olhares, novos desafios

Introdução
21   O envelhecimento próprio e o envelhecimento do outro

**HISTÓRICO DA INTERAÇÃO GERACIONAL
E A CONVIVÊNCIA ETÁRIA EM NOSSOS DIAS**

Capítulo 1
41   O conceito de geração e a questão da intergeracionalidade

Capítulo 2
45   O convívio de gerações construído ao longo da história

Capítulo 3
49   O relacionamento entre gerações em nossos dias: distanciamento, conflito, cooperação e coeducação

Capítulo 4
55   As mútuas resistências e rejeições. O preconceito etário

NOVAS FORMAS DE ENVELHECER E NOVAS POSSIBILIDADES DE RELACIONAMENTO ENTRE GERAÇÕES

Capítulo 1
65 Os idosos hoje: numerosos, participativos e reivindicativos

Capítulo 2
69 Gerações em conflito e cooperação por recursos e direitos

Capítulo 3
73 A nova imagem de velhice e seu efeito sobre os jovens

Capítulo 4
81 Os velhos ensinando e aprendendo com as novas gerações

Capítulo 5
89 A situação da juventude contemporânea

Capítulo 6
93 O crescente interesse pelos programas intergeracionais

Capítulo 7
99 O Sesc Gerações e a pesquisa sobre conflitos intergeracionais

O CONFLITO DE GERAÇÕES

Capítulo 1
105 Uma breve reflexão sobre a ideia de conflito

CAPÍTULO 2
111 O conflito de gerações hoje: a família como palco principal
CAPÍTULO 3
131 As diferentes formas de percepção e apropriação do tempo
CAPÍTULO 4
135 Os motivos mais frequentes de conflitos de gerações
CAPÍTULO 5
139 Conflitos entre idosos e jovens nos espaços de lazer

COOPERAÇÃO E SOLIDARIEDADE. CAMINHOS PARA A SUPERAÇÃO DOS CONFLITOS INTERGERACIONAIS
CAPÍTULO 1
145 Os vários cenários para o encontro das gerações: família, trabalho, religião, voluntariado e cultura popular
CAPÍTULO 2
155 Estratégias de aproximação: diálogo, alteridade e amizade
CAPÍTULO 3
165 O lúdico como meio de socialização: lazer, espaços culturais e educação não formal
CAPÍTULO 4
173 Encontros de idosos e adolescentes nas atividades culturais
CAPÍTULO 5
179 O encontro de idosos e crianças no lazer

CAPÍTULO 6
185 Experiências pioneiras e significativas
CAPÍTULO 7
189 Administrando processos intergeracionais: interações facilitadoras e formação do educador
CAPÍTULO 8
201 Indagações finais sobre o futuro das relações intergeracionais

213 *Anexos*
223 *Referências bibliográficas*
230 *Agradecimentos*
231 *Sobre o autor*

A arte do encontro

> *Nada sabemos da alma*
> *Senão da nossa;*
> *As dos outros são olhares,*
> *São gestos, são palavras,*
> *Com a suposição de qualquer semelhança*
> *No fundo.*
>
> Fernando Pessoa

Diante das transformações do tempo, pregadas em nosso corpo e em nossas relações, criamos uma costumaz resistência de conferirmos as evidências de sua passagem, tanto nos relevos de nossa pele como nas respostas de nosso organismo.

A escritora e filósofa francesa Simone de Beauvoir, em sua imersão sobre as faces do envelhecimento, buscou desvendar esse sentimento de estranhamento que nos cerca diante da resistência humana em assumir a condição da velhice. Essa sensação, segundo a autora, se estabelece na relação dialética entre meu ser para o outro e a consciência que tomo de mim mesmo através do outro, pois o velho aparece com maior clareza aos olhos dos outros.[1]

---

[1] Simone de Beauvoir, *A Velhice*, Tomo II, Trad. Heloysa Dantas, São Paulo: Difusão Europeia do Livro, 1970, p.8.

A pesquisa *Idosos no Brasil: vivências, desafios e expectativas na terceira idade*, realizada em 2006,[2] reafirma, anos depois, a tese de Beauvoir em torno das perspectivas negativas da chegada da velhice, atribuídas, tanto entre não idosos quanto entre idosos, às doenças, à fragilidade física, ao desânimo e à dependência física. Entretanto, esse mesmo grupo representativo de idosos, ao responder sobre suas sensações com a idade, se percebe satisfeito ou feliz, com vontade de viver.

O reflexo desse estudo nos traz a ideia de que, embora a imagem da velhice possua uma visão social ainda negativa, grande parte do grupo de idosos se sente bem disposto e feliz com sua vida. Ou seja, a maioria dos entrevistados velhos *não se sente velha*, não aceitando sua condição. Deduzimos que esse seja um comportamento contemporâneo que se relaciona diretamente aos preceitos dos ideais de beleza impostos pela indústria do rejuvenescimento e da aparência, e fruto também das ações segregacionistas de nossa sociedade. Habituamo-nos a dividir os espaços, os projetos, os interesses e os prazeres pelas camadas sociais, pela idade.

O distanciamento de valores e desejos entre as gerações constitui um cenário histórico que, por inúmeros esforços e intenções, principiam uma revisão de seu arranjo na atualidade, na busca de uma nova maneira de lidar com o envelhecimento, estabelecido no compromisso dos indivíduos e na percepção da alteridade que está em nós. Um processo necessário e urgente de reconhecimento do significado social do velho diante do atual panorama etário do país e de seu envelhecimento[3], permeado, entre outros aspectos, pela crescente mobilização em torno da legitimação de seus direitos, que contou com a participação do Sesc na aprovação do Estatuto do Idoso, de 2003, e que permanece na resistência política e na representatividade dos Conselhos Municipais, Estaduais e do Conselho Nacional do Idoso.

Caberia, então, em meio a esse contexto de redesenho social, não mais perguntarmos qual é a nossa idade, mas, sim, como lidamos com a imagem

---

2 Anita Liberalesso Neri (Org.), *Idosos no Brasil – Vivências, desafios e expectativas na terceira idade*, São Paulo: Edições Sesc SP, Sesc Nacional e Fundação Perseu Abramo, 2007. Pesquisa realizada em parceria do Sesc São Paulo, Sesc Departamento Nacional e a Fundação Perseu Abramo, por meio de 2.136 entrevistas com idosos e 1.608 jovens e adultos.

3 Dados do IBGE registram a porcentagem do crescimento da população acima de 65 anos de 5,9% no ano 2000 para 7,4% em 2010 e se aliam à ampliação da expectativa média de vida, que dos 66 anos em 1990 passou para 74 anos em 2010.

do envelhecer? Como está nossa idade? Como nós estamos? Como nos relacionamos com o outro? Quais são nossas tentativas de nos aproximarmos do outro?

O presente livro *Conflito e cooperação entre gerações*, fruto da tese de doutorado[4] de José Carlos Ferrigno, suscita, para além dessas questões, a permeabilidade das relações humanas, por meio de entrevistas e análises do comportamento de jovens e idosos, refletindo sobre os processos e metodologias no campo de estudos da intergeracionalidade.

Debruça-se sobre o papel basilar do agente cultural, como profissional facilitador das instituições para o desenvolvimento de programas intergeracionais no país, voltando as atenções para os procedimentos das ações e o tratamento dos conflitos nos espaços de sociabilização. No cultivo de experiências intergeracionais, o autor analisa os distanciamentos e as aproximações do público no espaço das unidades do Sesc, e de como esse convívio se dimensiona em suas próprias residências.

O governo, por meio da implementação de políticas sociais, contribuiu para transformar os idosos em importantes esteios econômicos das famílias, de modo significativo as que possuem menor renda, auxiliando a melhoria das condições de vida dos velhos, mas não chegou a garantir sua inclusão na sociedade nem a efetivar ações contra a violência e a ausência de diálogo no convívio doméstico e social.

Historicamente, sabemos que o conceito de envelhecer é cultural, alterando-se ao longo do tempo. O conflito e a cooperação entre gerações também o são, mas temos que torná-los saudáveis na medida em que não se desdobrem num embate. O conflito deve ser, antes de tudo, uma mola propulsora para o diálogo, para a troca de ideias. Administrar um conflito não é impedir que ele ocorra, mas que ele reverta em transformação.

Ao Sesc, coube proporcionar a busca do diálogo solidário, reunindo as experiências de vida tanto do jovem quanto do idoso, por meio da cultura e do lazer. No compromisso do acolhimento que se ampara para além do simples abrir as portas e na permanência das ações socioeducativas, trilham os 50 anos percorridos pelo Trabalho Social com Idosos e os 25 anos de publicação da revista *A terceira idade*, completados em 2013.

---

4 Cf. José Carlos Ferrigno, *"O conflito de gerações: atividades culturais e de lazer como estratégia de superação com vistas à construção de uma cultura intergeracional solidária"*, tese de doutorado – Instituto de Psicologia da Universidade de São Paulo. São Paulo, 2009. Orientação: Prof. Dr. Paulo de Salles de Oliveira.

Caminhos que se encontram igualmente pelos 10 anos de ações do programa Sesc Gerações[5], espelhados de modo generoso e crítico neste estudo, que nos oferece, entre as muitas dimensões potenciais de análise, duas certezas: o desafio diante da tarefa de reunir as gerações na construção de um mundo saudável e o sentido público das questões relacionadas à compreensão e ao convívio humano, geradas pelo respeito às diferenças e às semelhanças.

Danilo Santos de Miranda
Diretor Regional do Sesc São Paulo

---

5 Completados em 2013.

Prólogo

INTERGERACIONALIDADE: NOVOS OLHARES, NOVOS DESAFIOS

Esta obra trata do relacionamento entre as gerações em nossa sociedade. Como se relacionam jovens e velhos, crianças e adultos, pais e filhos, avós e netos? Os valores éticos hoje predominantes dificultam ou colaboram para o estabelecimento de boas relações intergeracionais? Que sentimentos e atitudes aí prevalecem: conflito, cooperação, distanciamento? Qual é o futuro de tais relações? Quais são as tendências para as próximas décadas? Essas questões são aqui colocadas e discutidas. Empreendi a presente reflexão com a convicção de que boas relações entre velhos e moços são benéficas não apenas para os diretamente envolvidos nesse processo de interação, mas a toda a comunidade.

Neste trabalho o leitor é convidado a refletir sobre a intergeracionalidade em um contexto social caracterizado pelas diferenças físicas, emocionais e culturais que há entre as pessoas. Afinal, é da convivência entre diferentes que estamos tratando. Sabemos que o preconceito em relação ao outro (a quem atribuímos características diversas das nossas) se manifesta sob várias formas: machismo; homofobia; xenofobia; racismo; intolerância (religiosa, étnica e política); e, entre elas, o preconceito etário. Este se exterioriza pela intolerância recíproca entre mais jovens e mais velhos. Preconceito, portanto, de mão dupla. Há tanto atitudes negativas dirigidas aos idosos quanto discriminações que os adultos impõem a crianças e adolescentes, fenômeno que os americanos chamam de *ageism*. Sobre essa questão, devemos ser ainda mais exigentes com nossas atitudes, não apenas tolerando o outro, diferente de mim em algum aspecto, mas desejando sua companhia, que me completa e enriquece. Do ponto de vista emocional, somos muito "primitivos" e temos muito a aprender – por exemplo, em relação ao tratamento dado às crianças e aos velhos – com os "civilizados" de várias comunidades indígenas. Somos intolerantes com as diferenças entre pessoas, mas aceitamos as desigualdades sociais existentes, encarando-as como algo natural. A intergeracionalidade deve ser pensada, portanto, como a relação entre universos culturais com as peculiaridades que, em um dado momento histórico, o pertencer a determinada geração se configura. E que essa troca pode ser enriquecedora para todos os envolvidos. Há que se considerar, também, o enquadramento das relações intergeracionais em vários recortes da realidade social, levando-se em conta, entre outros fatores, gênero e classe social, dentro e fora do âmbito familiar.

O presente livro dá continuidade à pesquisa anterior[1], cujo objetivo foi o de verificar a natureza e as potencialidades de processos de coeducação entre gerações, e decorre, também, da pesquisa de doutorado que realizei no período de 2006 a 2009. Dando seguimento a elas, busquei elaborar mais profundamente causas, efeitos e contextos do conflito e da cooperação entre velhos e jovens, esperando, além disso, reunir mais elementos para poder lidar com o preconceito etário e, assim, aperfeiçoar métodos de aproximação de gerações em programas intergeracionais nas áreas de educação, saúde, cultura, lazer, trabalho, voluntariado e ações comunitárias.

Aqui estão destacadas algumas resoluções de organismos internacionais em prol da integração etária – causa e consequência do crescente interesse por esses programas –, iniciativas, em sua maioria, encetadas na esteira de políticas em favor da integração social dos idosos. Em Madri, no ano de 2002, em suas conclusões, a Segunda Assembleia Mundial sobre Envelhecimento, promovida pela ONU, ressalta "a necessidade de fortalecer a solidariedade entre as gerações e as associações intergeracionais, tendo presentes as necessidades particulares dos mais velhos e dos mais jovens, e de incentivar

---

1   José Carlos Ferrigno, *Coeducação entre gerações*, 2. ed., São Paulo: Edições Sesc SP, 2010.

as relações solidárias entre as gerações"². Mais recentemente, o Parlamento Europeu e a Comissão Europeia instituíram 2012 como o Ano Europeu do Envelhecimento Ativo e da Solidariedade entre Gerações. A ideia é estimular valores como a solidariedade, a não discriminação, a independência, a participação, a dignidade, o cuidado e a autorrealização das pessoas idosas, além de promover, na Europa, uma cultura do envelhecimento ativo.

No Brasil, a chamada Política Nacional do Idoso, de 1994, estabeleceu direitos aos idosos, buscando garantir sua inclusão na vida social por meio de ações intergeracionais. O Estatuto do Idoso, de 2003, inspirado nessa mesma lei, ressalta a importância da "viabilização de formas alternativas de participação, ocupação e convívio do idoso, que proporcionem sua integração às demais gerações"³.

Nessa área, os Estados Unidos são pioneiros, realizando projetos dessa natureza desde a década de 1970, principalmente por meio do trabalho voluntário, em que velhos auxiliam jovens e vice-versa – prática bastante difundida nesse país, que muito desenvolveu a cultura do cuidado. Já Inglaterra, Alemanha e Espanha se destacam pelo volume e variedade de práticas. Assim como na Europa, também na América Latina, incluindo o Brasil, o desenvolvimento de programas – sobretudo no campo das atividades culturais e de lazer – passa a intensificar-se nos anos 1990. Mas internacionalmente, no setor, as ações mais avançadas são aquelas em que jovens e velhos trabalham ombro a ombro em prol da coletividade. Há organizações muito bem estruturadas e atuantes na promoção e no apoio a políticas e práticas intergeracionais, como a Fundação Beth Johnson[4] e a Generations United[5].

Além de novos, os programas brasileiros tendem a ser assistemáticos, ou seja, sem continuidade; e isso por várias razões, dentre elas a carência de uma rede que facilite o intercâmbio de experiências. Somado a isso, muitas iniciativas interessantes permanecem no anonimato, pois ainda é difícil o estabelecimento de um panorama mais preciso quanto à distribuição e às características desses programas, e o mapeamento dessas ações é um tra-

---

2 Organização das Nações Unidas – ONU, *Plano de ação internacional para o envelhecimento*, Madri 2002, Brasília: Secretaria dos Direitos Humanos, 2003.
3 Brasil, *Estatuto do idoso: Lei Federal nº 10.741, de 01 de outubro de 2003*. Brasília: Secretaria Especial dos Direitos Humanos, 2004, p. 6.
4 Fundação inglesa. Disponível em: <http://;centreforip.org.uk>.
5 Organização norte-americana. Disponível em: < http://www.gu.org/home.aspx>.

balho ainda a ser feito. Carências e dificuldades institucionais limitam a expansão dos Programas Intergeracionais (PIS), e sua lista é longa: ausência de políticas específicas de governo; insuficiente aporte financeiro a projetos; gestores pouco sensíveis e mal informados; inadequação de equipamentos; técnicos com sobrecarga de tarefas em outras áreas de atuação, além de fixação efêmera no programa; quadro de funcionários reduzido; capacitação insuficiente dos profissionais.

Nos programas intergeracionais brasileiros, a presença do Estado é ainda incipiente. Ligados ao Centro de Referência de Assistência Social (Cras)[6], há grupos de Convivência Intergeracional envolvidos com atividades culturais e de lazer. Em geral, as políticas nesse setor passam por ministérios e secretarias de Cultura, Lazer, Esportes e Saúde.

Nas políticas do Estado brasileiro, a intergeracionalidade ocorre de modo esporádico e como tema transversal. Na assistência social, a proteção é objetivo prioritário. A família aparece como objeto de atenção, podendo haver, aí, uma ação indireta em prol da cooperação intergeracional no âmbito familiar. Na área da saúde, orientações e recomendações em prol de um envelhecimento saudável incluem o convívio com as demais gerações. Na educação, a intergeracionalidade aparece nas universidades e faculdades abertas para a terceira idade, nos cursos de graduação e pós-graduação em gerontologia, nas teses e dissertações em múltiplas áreas sociais e da saúde. Nos direitos sociais, a participação e a integração social (inclusive por meio do convívio com outras gerações) estão expressas como direito da pessoa idosa nas já mencionadas leis da Política Nacional do Idoso[7] e do Estatuto do Idoso[8].

Desde os anos 1980, diversas instituições brasileiras de ensino superior abriram espaço para cursos específicos, voltados aos idosos, nas chamadas faculdades da terceira idade. Ainda que a grande maioria de tais iniciativas seja de ações exclusivas para esse grupo etário, há, com os professores de tais cursos, uma interessante relação intergeracional, pois, em geral, esses docentes são pessoas jovens. Pude estudar mais detidamente uma relação desse tipo, em um processo de coeducação entre idosos da Escola Aberta do Sesc e seus

---

6 Equipamento estatal integrante do Sistema Único de Assistência Social (Suas), com bases municipais de distribuição, ligado ao Ministério de Desenvolvimento Social (MDS).
7 Lei nº 8.842, de 1994.
8 Lei nº 10.741, de 2003.

jovens professores[9]. Os dados coletados permitiram estabelecer alguns conteúdos geracionais específicos, cuja troca, permitida pela boa convivência, pode gerar a ampliação do universo cultural dos envolvidos no processo.

Diferenciando-se das demais, a Universidade Aberta à Terceira Idade, promovida pela Universidade de São Paulo, oferece, além de cursos e oficinas exclusivos, a possibilidade de idosos inscreverem-se como alunos ouvintes nos cursos da graduação, compartilhando aulas com colegas jovens. Esse convívio possibilita trocas de experiências interessantes e produtivas.

Investigações acadêmicas tratando da intergeracionalidade aparecem em dissertações de programas de mestrado e doutorado nas diversas áreas das ciências sociais e, mais frequente, surgem em cursos de especialização *lato sensu* e em programas de mestrado em gerontologia. Neste último caso, destacam-se os programas da PUC de São Paulo e da Unicamp. Também comparecem trabalhos de alunos de cursos de graduação em gerontologia, como o curso da USP.

De modo geral, entretanto, as pesquisas na área ainda são escassas no Brasil. Os tipos de investigação científica mais comuns são:
- estudos sobre relações intergeracionais, na família ou entre gerações não consanguíneas, em espaços sociais como os de lazer, trabalho e escola; e
- estudos sobre representação recíproca, que levantam atitudes positivas e negativas (o que os velhos pensam sobre os jovens e o inverso). As pesquisas, em geral, são estudos qualitativos transversais que coletam dados a partir de entrevistas e observações de atividades em pequenas amostras de sujeitos.

Nesses e em outros estudos, e nas práticas institucionais, as relações intergeracionais mais presentes são:
- avós e netos no contexto familiar; e
- idosos e crianças (sem laço de parentesco) em situações de lazer e de educação não formal em oficinas culturais.

Também são objeto de investigação ou de ações institucionais, com menos frequência, outras relações como: idosos e adolescentes, crianças e ado-

---

9 Ver José Carlos Ferrigno, *Coeducação entre gerações, op. cit.*

lescentes, terceira e quarta idades (cuidadores e cuidados; em geral, mulher cuidadora, filha ou esposa de idoso fragilizado).

Há poucas ações, entretanto, no ambiente da escola formal, em instituições de ensino fundamental e médio, seja na esfera pública, seja na particular. Mais que resultado de políticas institucionais, há iniciativas esparsas e episódicas, de diretores e professores abnegados e criativos, que trazem pais e avós para o espaço escolar e desenvolvem atividades desses adultos com seus alunos (crianças e adolescentes).

Já no âmbito das entidades não governamentais, considerando-se as iniciativas brasileiras, temos instituições e organizações – como Sesc, Sesi, ONGs e similares – cujo trabalho se desenvolve em programas de lazer, cultura e preservação ambiental, em processos de educação não formal. Nesse campo, vale destacar a contribuição do Sesc, em seu Departamento Nacional e no Departamento Regional de São Paulo, com seus programas intergeracionais[10], aqui amplamente comentados.

Subsídios do poder público, como aqueles advindos das leis de Incentivo à Cultura, do Ministério da Cultura, são dotados a inúmeras instituições. Em geral, servem a projetos comunitários em que os objetivos principais são o desenvolvimento da qualidade de vida e a cidadania. Ainda que muitas vezes não explícito, um dos objetivos dessas ações é a integração etária, sob a égide da inclusão social para jovens e velhos, aproximando velhos e jovens de comunidades, em geral, carentes.

Como exemplo delas, há o projeto Ação Griô Nacional[11], iniciativa de valorização dos anciãos das comunidades, na perspectiva de aproximá-los das novas gerações para o repasse de seus conhecimentos. O projeto integra Pontos de Cultura, vinculados ao Ministério da Cultura,

> [...] cuja missão é criar e instituir uma política nacional de transmissão dos saberes e fazeres de tradição oral em diálogo com a educação formal, para o fortalecimento da identidade e ancestralidade do povo brasileiro, por meio do reconhecimento do lugar político, econômico e sociocultural dos griôs, das griôs, mestres e mestras de tradição oral do Brasil[12].

---

10 Respectivamente, "Era Uma Vez..." e "Sesc Gerações".
11 Disponível em: <http://www.acaogrio.org.br/acao-grio-nacional>.
12 Disponível em: <http://www.camaraitapeva.sp.gov.br/imprensa/noticias/materia/6740/rede_de_acao_

Mais adiante, apresento uma reflexão sobre a intergeracionalidade, fenômeno muito ligado à cultura popular. Nesta, a transmissão oral dos conhecimentos dos velhos da comunidade está presente, conferindo-lhes respeito, e sua imagem junto aos jovens resulta em admiração, desejo de convívio e num modelo positivo de velhice.

É promissor ver que, no Brasil, as práticas intergeracionais vêm paulatinamente crescendo. Inúmeras instituições têm demonstrado a intenção de incentivar a interação geracional. Em eventos que reuniram especialistas, professores e pesquisadores da área, ou de áreas próximas, foi possível conhecer algumas dessas ações. Dois momentos importantes foram realizados pelo Sesc: o Congresso Internacional Coeducação de Gerações (2003) e o Seminário Internacional Encontro de Gerações (2010). Nessas oportunidades – não apenas nas conferências, mas principalmente nas sessões de relatos de experiências –, pôde-se ter uma ideia do que entidades públicas e particulares vêm fazendo no âmbito da intergeracionalidade.

Por ser ainda muito novo – mesmo em países com mais tradição –, o campo intergeracional sente, entretanto, a necessidade de formação de recursos humanos, sobretudo o desenvolvimento de profissionais para as áreas de gestão de políticas e programas, bem como de pesquisadores e acadêmicos. No Brasil, não é diferente. Em 2011, todavia, tivemos um importante marco: um grupo de dez brasileiros[13] fez o curso de Capacitação em Gestão de Programas Intergeracionais, na Universidade de Granada, Espanha, coordenado pelos professores Mariano Sánchez Martinez e Juan Sáez Carreras, reconhecidos estudiosos do tema.

Mas há, de fato, um longo caminho a trilhar, que passa pelo aperfeiçoamento de determinadas estratégias, como o estabelecimento de redes, de pessoas e instituições, sintonizadas com a questão das gerações. Para o desenvolvimento de programas intergeracionais, no Brasil e no mundo.

grio_conhece_atividades_desenvolvidas_em_itapeva> a publicação da Ação Griô Nacional, Pontão de Cultura, 2009-2010.
13 Pertencentes a várias instituições, entre elas a Pontifícia Universidade Católica de São Paulo e de Minas Gerais, além de Sesc SP, RJ e MG.

Introdução

O ENVELHECIMENTO PRÓPRIO E O ENVELHECIMENTO DO OUTRO

Após o cumprimento de certo percurso de experiências vividas, surge a vontade e a necessidade de seu relato. Para esse registro nos pautamos pela escolha das palavras mais capazes de transmitir nossas impressões, tarefa que exige a boa solidão para o exercício das lembranças. Empreendimento que solicita humildade e paciência, pela constatação da impossibilidade de transmissão integral de tudo o que se passou, pois sempre persiste algo inominável, sem representação possível. Mário Quintana nos lembra da perene presença do inefável a nos acompanhar pela vida afora, quando diz:

> A gente pensa uma coisa, acaba escrevendo outra e o leitor entende uma terceira coisa... e, enquanto se passa tudo isso, a coisa propriamente dita começa a desconfiar que não foi propriamente dita[1].

Mas, sobrepujando temores e obstáculos, o desafio é excitante e a promessa de uma exitosa viagem nos encanta.

Quando comecei a trabalhar com pessoas idosas no início dos anos 1980, contava 28 anos de idade e os problemas relativos à velhice eram ainda abstratos para mim. Quando somos jovens nosso futuro é sentido como infini-

---

[1] Mário Quintana, "A Coisa". Em: *Do Caderno H*. Porto Alegre: Globo, 1973.

to e a vida parece eterna. Nessa fase não conseguimos nos imaginar como velhos. Aliás, não nos esforçamos nem um pouco para isso, trata-se de um assunto que não nos importa. No entanto, ainda que distante da subjetividade da velhice, já naquela época via com simpatia as pessoas idosas e me solidarizava com elas. Por isso, me dispus a trabalhar com essa população.

Tive o privilégio de, ao longo dos anos, ouvir muitas histórias de idosos, quer em situações do convívio diário, quer em contextos mais formais, como a inesquecível experiência de coordenar, durante vários anos, uma atividade chamada Grupos de Reflexão sobre o Envelhecimento, cuja análise foi realizada em outro trabalho[2]. Nessas reuniões semanais, histórias repassadas de emoções se remetiam a problemas cotidianos no âmbito familiar, no trabalho, no círculo de amizades, nos vários espaços públicos. Também saboreei histórias de um passado distante, memórias da infância dessas pessoas, em que a vida, no bairro e na cidade, era descrita em detalhes reveladores de cenários e paisagens perdidos em nome do progresso. Nessa experiência intergeracional, compensei, de certa maneira, o pouco diálogo que tive com meus pais. E, também, uma importante ausência: os avós que não tive.

Esses encontros atendiam a uma imperiosa necessidade dos idosos: serem ouvidos. O silêncio – imposto aos velhos pelos valores cultuados por esta nossa sociedade que tem muita pressa – faz da velhice uma etapa difícil de ser vivida. Mas, independente dessa lamentável restrição à palavra, é possível notar que há, entre os mais velhos, um indisfarçável prazer no exercício das rememorações. Em muitos idosos estão presentes a disponibilidade de tempo e a motivação para recordar. Talvez a evocação de fatos antigos seja importante para reorganizar suas vidas e reposicionar-se num mundo tão diverso daquele em que viveram na juventude. E provavelmente a recuperação da autoestima e a reconstrução de sua autonomia passam, também, pela reconstituição de suas lembranças.

Curiosamente, como a unidade do Sesc em que essa experiência foi encetada localiza-se no centro velho de São Paulo, e como vários idosos pertencentes a esses grupos de reflexão foram moradores ou trabalhadores dessa região central, muitas e interessantes histórias tiveram como cenário a

---

2 Ver José Carlos Ferrigno, "Grupos de reflexão sobre o envelhecimento: uma proposta de reconstrução da autonomia de homens e mulheres na terceira idade". *Gerontologia*, São Paulo: mar. 1998, vol. 6, n° 1, pp. 27-33.

praça de Sé, a rua Direita, o parque D. Pedro, o pátio do Colégio. Mas outros bairros não foram esquecidos, principalmente os mais antigos, como Brás, Mooca e Bela Vista.

Dessas pessoas, fui aluno privilegiado, conheci pontos de vista inusitados sobre a história da cidade. Com eles, viajei no tempo e me pus a imaginar as cenas e paisagens que descreviam – o Cine Santa Helena, na praça Clóvis Bevilaqua (ambos, praça e cinema, não existem mais), o antigo viaduto do Chá, as lojas elegantes da Barão de Itapetininga, os passeios pela praça da República, o movimentado comércio da rua Direita.

Ocorre que, aos poucos, o nosso próprio envelhecimento vai impondo sua presença. Inexoravelmente a passagem do tempo torna-se mais e mais perceptível nas marcas de nossos corpos, como aponta Cecília Meireles em seu poema "Retrato":

> Eu não tinha este rosto de hoje, / assim calmo, assim triste, assim magro, / nem estes olhos tão vazios, / nem o lábio amargo. // Eu não tinha estas mãos sem força, / tão paradas e frias e mortas; / eu não tinha este coração / que nem se mostra. // Eu não dei por esta mudança, / tão simples, tão certa, tão fácil: // – Em que espelho ficou perdida / a minha face?"[3].

Essa percepção, todavia, não se dá sem alguma resistência, tenhamos, ou não, dela consciência. A velhice não é uma fase cobiçada, não é um projeto de vida. E quais são as razões para essa dificuldade de percepção de nosso próprio envelhecimento? A psicologia bem conhece os mecanismos de negação da realidade: negar o envelhecimento é defender o próprio ego de uma série de ameaças, reais ou imaginárias, a fim de preservarmos nossa autoestima. Mas que outras explicações poderíamos encontrar para esse comportamento? Com base na ideia freudiana de atemporalidade do inconsciente e da permanência do desejo, Ângela Mucida expõe uma visão psicanalítica sobre o envelhecimento:

> Na análise só existe um sujeito, o sujeito do inconsciente, e este não envelhece. Tratando-se da realidade psíquica, não existe diferença entre um fato passado e um atual. O sintoma sinaliza a atualidade do passado, e o que importa é a

---

[3] Cecília Meireles, "Retrato". *Viagem* (1939). Em: Antonio Carlos Secchin (Org.), *Poesia completa 1*. Rio de Janeiro: Nova Fronteira, 2001, p. 232.

forma como o sujeito se coloca frente à falta do Outro e sua relação com o desejo, que não é determinado pela idade e, muito menos, pela "quantidade de material psíquico" [...]. O conceito de pulsão é avesso a qualquer noção desenvolvimentista[4].

E, por nosso inconsciente ser atemporal, talvez sejamos tocados por aquela estranha e bem subjetiva sensação de que, "por dentro", somos sempre os mesmos, ainda que "por fora" haja o peremptório desmentido do espelho. Corroborando esse pensamento, Dona Elisa, uma entrevistada, nos relata:

> *Por dentro não me sinto velha. Só quando olho no espelho é que eu vejo um "cenário meio despencado" (ri). Eu faço as mesmas coisas que fazia com 30 anos. Não sinto a velhice. Só quando me olho no espelho, aí você vê o corpo já deformado pela idade e aquela coisa toda. Mas a cabeça é de jovem. Tem hora que eu nem me sinto velha. E assim são muitas pessoas da terceira idade. Por dentro dá impressão que o tempo não passou. Às vezes, por exemplo, você quer pegar um elevador e apressa um pouco o passo, aí você vê que teu corpo não acompanha. Mas a cabeça já foi, é um relâmpago, o pensamento voa. Na feira, você já não pode comprar cinco quilos, compra dois quilos de fruta e já leva para casa porque depois você sente o peso quando vai pegar o ônibus.*

Para Sartre, com base em uma perspectiva fenomenológico-existencialista, nossa consciência e nossa identidade são estabelecidas no encontro dos indivíduos, marcado pelo olhar do Outro. No contato entre os seres é que se estabelece a identidade e o sentido do Ser. Há uma corporeidade na constituição dessa identidade, pois o corpo é a conexão entre o si mesmo e o mundo. Ter um corpo ou ser um corpo? Nessa perspectiva, a percepção do próprio corpo implica colocar-se em um lugar, em um tempo, com os limites e possibilidades demarcadas pelo real[5].

Também Simone de Beauvoir nos lembra que o Outro é o primeiro a nos informar de nosso envelhecimento, às vezes, de forma surpreendente, no que como nos veem e nos tratam, na família, no trabalho e em outros

---

4 Ângela Mucida, *O sujeito não envelhece: psicanálise e velhice*, 2. ed., Belo Horizonte: Autêntica, 2006, p. 18.
5 Jean-Paul Sartre, *El ser y la nada: ensayo de ontología fenomenológica*, Buenos Aires: Losada, 1998, p. 129.

espaços sociais. Ao mesmo tempo, novas funções, novos papéis e novo estilo de vida vão reconfigurando nosso cotidiano[6].

Um ilustrativo e bem-humorado episódio, vivido por ele em um vagão do metrô, é o que nos conta Rubem Alves. Uma bela jovem o observava atentamente, dele não desviando o olhar, nem mesmo quando ele a viu. Entusiasmado, imaginou-se admirado por ela, até que a moça, provavelmente preocupada com sua idade, oferece-lhe o lugar em que estava sentada, pondo fim às ilusões do escritor[7].

Outra história interessante foi a respeito de um homem que teve sua velhice – que lhe teimava em fugir dos olhos – abruptamente revelada. Dois meninos jogavam bolinha de gude, apreciados por essa pessoa. Em dado momento, uma das bolinhas é lançada para mais longe. Então, um dos garotos pergunta ao outro: "Para onde foi a bolinha?". E o outro responde: "Está no pé daquele velho", para grande susto de nosso protagonista. Somos, assim, repentinamente avisados de que estamos envelhecendo. Pistas deixadas pelas novas formas de tratamento que as gerações mais jovens nos dispensam – *tio, tia, senhor, senhora* e, um pouco mais tarde, *vô* ou *vó* –, enfim, sinalizações inequívocas, a nos informar o transpor de um importante umbral em nossa trajetória de vida.

A propósito, é intrigante o jogo de impressões de permanência e mudança em nossas estruturas psíquicas, jogo que torna tão problemático o conceito de identidade e a tentativa de saber quem somos – empreitada heroica, que pode durar até nosso último suspiro[8]. A chamada "crise de identidade" não é, certamente, um fenômeno restrito à adolescência – pode ocorrer em qualquer etapa da vida, na meia-idade e, inclusive, na velhice. É ainda Simone de Beauvoir que nos agita, ao estranhar o fenômeno do envelhecimento e interrogar-se: "Será que me tornei, então, outra, enquanto permaneço a mesma?"[9].

À medida que os horizontes vão se encurtando e as limitações se tornando mais palpáveis, a experiência do próprio envelhecimento vai nos incutindo uma visão menos idealizada da vida – tornamo-nos mais seletivos,

---

6 Simone de Beauvoir, *A velhice*, Rio de Janeiro: Nova Fronteira, 1990, pp. 347-361.
7 Rubem Alves, *As cores do crepúsculo: a estética do envelhecer*, Campinas: Papirus, 2001, pp. 18-23.
8 Como aponto em José Carlos Ferrigno, "A identidade do jovem e do velho: questões contemporâneas", *Velhices: reflexões contemporâneas*, Edições Sesc SP e Puc-SP, São Paulo: 2006, pp. 12-13.
9 Simone de Beauvoir, *op. cit.*, p. 348.

menos influenciáveis. Movidos por uma orientação interna, ficamos singulares, fenômeno que Carl Jung chamou de *individuação*[10]. Progressivamente, conscientizamo-nos dos muitos enigmas que pairam sobre essa fase da vida, pois, apesar dos esforços para revelar os segredos da velhice, o real se mostra sempre inapreensível em sua totalidade.

Há cerca de trinta anos trabalho com questões do envelhecimento. Apesar do longo percurso na área, pertenço a uma segunda geração de gerontólogos brasileiros. Meus antecessores iniciaram sua atuação nos anos 1960 e 1970 e, como pioneiros em relação aos problemas da velhice, enfrentaram ainda mais dificuldades na sensibilização de pessoas e instituições. A eles, devo – e agradeço – muitos ensinamentos transmitidos. Hoje, passadas quase três décadas de atuação, além das leituras e das trocas de experiências profissionais, busquei, sobretudo, acumular observações sobre o comportamento dos idosos para, a partir dessas condutas, tentar compreender valores e atitudes. Em minha memória e nos registros de investigações, colecionei depoimentos dos chamados "envelhescentes", expressão em voga. Guardei essas confidências como se guarda um tesouro precioso, constituído por um acervo rico de valores morais, pensamentos sobre o cotidiano, intuições relativas ao futuro e sentimentos diversos, forjados em momentos de alegria e de sofrimento. Sou grato àqueles que a mim confiaram suas mais íntimas vivências, quer em situações formalizadas de pesquisa, quer na informalidade dos bate-papos, quase sempre em um clima descontraído, que só a confiança, o afeto, o respeito mútuo e, em suma, a amizade podem engendrar.

Como forma de reconhecimento pelas muitas lições aprendidas, e como retribuição pela possibilidade do aprendizado, empenho-me para que minhas reflexões possam de algum modo contribuir para a discussão dos caminhos a serem seguidos para um melhor atendimento aos velhos, tanto na família quanto nas instituições e na sociedade de modo geral. Creio que essa postura tem algo a ver com o que Erik Erikson nos ensinou sobre o sentimento da generatividade (ou geratividade, segundo alguns), próprio de uma fase mais madura da vida, sentimento que, idealmente, deve se sobrepor à estagnação e à autoabsorção (reproduzindo os termos utilizados pelo autor) – possibilidades sombrias, mas possíveis nesse momento da existên-

---

10 Marie-Louise von Franz, "O processo de individuação". Em: Carl Gustav Jung (Org.), *O homem e seus símbolos*, Rio de Janeiro: Nova Fronteira, 1977, pp. 158-229.

cia. Erikson nos legou uma teoria em que o ciclo de vida é dividido em estágios etários, marcados por determinadas características psicológicas, cuja superação é crucial para o desenvolvimento humano. Generatividade para ele significa "procriatividade, produtividade, criatividade e, portanto, a geração de novos seres, novos produtos e ideias"[11]. Claro está que a fertilidade de ideias e de ações não é apanágio dos mais velhos, tampouco a chamada sabedoria, como nos mostram pesquisas de Paul Baltes e Jacqui Smith[12], mas nos velhos há o enriquecedor e decisivo componente da experiência. Creio ser com espírito de doação e desprendimento que devemos envelhecer.

SOBRE ESTE ESTUDO

Feito com base nas observações de atividades de lazer nos centros culturais do Sesc, da capital e do interior do estado de São Paulo, no período entre 2005 e 2009, este estudo – que também serviu de base para minha tese de doutorado[13] – constou de entrevistas a pessoas participantes de atividades intergeracionais e da observação dessas mesmas pessoas durante tais atividades. Algo que logo de início chama a atenção – tanto em relação aos jovens quanto aos velhos – é o grau de adesão do público à instituição e a seus funcionários. Pessoas de todas as idades permanecem longos anos frequentando o Sesc. Tão impressionante quanto o tempo de frequência é o grau de envolvimento de vários associados. Um dos educadores, que há vários anos desenvolve um trabalho de integração de gerações – e que, por isso, bem conhece os participantes –, fala da importância que a entidade tem para os idosos:

> *Tem idosos que já nem têm mais condições de vir ao Sesc porque a idade pesou e estão muito fragilizados. Aí eu procuro diversificar a programação o máximo possível; tanto é que, depois das atividades físicas, a gente vai*

---

11 Erik Erikson, *O ciclo de vida completo*, Porto Alegre: Artmed, 1998, p. 59.
12 Paul Baltes & Jacqui Smith, "Novas fronteiras para o futuro do envelhecimento: da velhice bem-sucedida do idoso jovem aos dilemas da quarta idade", trad. Anita Liberalesso Néri, Revista *A terceira idade*, São Paulo: 2006, vol. 17, nº 36, pp. 7-31.
13 José Carlos Ferrigno, "*O conflito de gerações: atividades culturais e de lazer como estratégia de superação com vistas à construção de uma cultura intergeracional solidária*", tese de doutorado – Instituto de Psicologia da Universidade de São Paulo. São Paulo, 2009. Orientação: Prof. Dr. Paulo de Salles de Oliveira.

para o espaço da internet ou para o espaço do xadrez, para o teatro, de maneira que as atividades não fiquem tão pesadas para eles porque nós temos idosos para os quais os médicos já nem dão mais atestado. Mas, se eles saírem do Sesc, eles morrem, porque isso aqui é a vida deles. Tem pessoas que, se saírem daqui, morrem de tédio em suas casas (Ronaldo, 47 anos, professor).

Algo semelhante ao que acontece com a terceira idade ocorre com as jovens gerações. A associação ao Sesc começa cedo, pois filhos de tenra idade já acompanham seus pais nas idas à instituição. É o caso de Tadeu, um dos entrevistados, garoto de 12 anos que há 11 anos frequenta o Sesc. Ele contou que, segundo seus pais, eles já o levavam ao Sesc quando tinha apenas um ano de idade.

Os resultados da avaliação de um programa de atividades culturais (em grupos compostos por pessoas de diferentes idades) deram origem à necessidade deste estudo. Registramos e analisamos não apenas o que deu certo, mas também o que falhou, do ponto de vista de uma aproximação satisfatória de gerações, durante os quase cinco anos em que acompanhei a experiência. As dificuldades, porém, não devem arrefecer nosso ânimo, porque podem ser importante fonte de conhecimentos. Por nossas reflexões sobre a sociedade contemporânea, sabemos ser ingênuo minimizar a força de certos valores atuais, adversos à solidariedade, expressos na forma de preconceitos recíprocos entre as gerações, provocando o distanciamento entre moços e velhos. Os profissionais, por mais dedicados que sejam, devem reunir muita determinação para semear sentimentos que aproximem pessoas de diferentes idades. Assim, o motivo inicial para desenvolvermos o trabalho aqui relatado foi a presença de resistências, rejeições, recusas e mesmo conflito de interesses entre as gerações observadas – problemas, em certos casos, de difícil encaminhamento, mas que têm sido encarados como desafios a serem superados. Por outro lado, os bons resultados obtidos em várias outras experiências mostram efetivas possibilidades de integração etária.

O objetivo principal foi verificar a eficácia de atividades de lazer na atenuação ou até mesmo na superação das indiferenças, estranhamentos e conflitos. Para isso, importava primeiro tentar ver como se dão esses conflitos na sociedade contemporânea e destacar algumas de suas características marcantes. Para o exercício de atividades culturais dentro da programação de uma instituição socioeducativa de ensino não formal também importava identificar fatores e situações desencadeantes dos conflitos – tanto no contexto social mais amplo quanto na ambiência de pequenos grupos nucleados.

Outro objetivo deste estudo foi propor estratégias na abordagem e na construção de tais grupos, para tornar mais produtivas tais relações, superando dificuldades de comunicação e buscando a cooperação por meio do florescimento de uma cultura intergeracional solidária, tendo como base observações realizadas durante o acompanhamento do programa Sesc Gerações, seus acertos e seus erros. Em outras palavras, propus alguns procedimentos, para deles extrair toda sua força transformadora. Tal processo pressupõe, entre outras coisas, a reflexão sobre as diferentes etapas de abordagem grupal.

Os dados foram colhidos através de entrevistas e observações com pessoas que participavam do programa intergeracional: seis idosos, oito jovens e sete educadores que acompanham essas atividades. No total, portanto, havia depoimentos de 21 sujeitos. A opção por uma pesquisa qualitativa, com poucos sujeitos, prendeu-se à intenção de penetrar mais profundamente na subjetividade dos entrevistados. Essa tarefa requer tempo, disponibilidade e, claro, a criação de um clima descontraído e de confiança.

Para o trabalho, as atividades intergeracionais acompanhadas diretamente foram:

- duas oficinas de canto coral, uma delas composta por idosos e crianças e outra por adolescentes, jovens adultos, pessoas de meia-idade e idosos;
- uma atividade intitulada "Cartas", caracterizada pela troca de correspondências entre idosos e adolescentes, com suas impressões a respeito da cidade de São Paulo;
- um encontro de gerações para estudar a cultura popular, reunindo idosos e crianças;
- uma experiência de atividades físicas que utilizou técnicas dos jogos cooperativos integrando crianças e idosos; e, finalmente,
- uma oficina de teatro integrada por crianças e adolescentes.

Além dessas atividades – ao longo dos últimos anos e por ter integrado a equipe que coordena o referido programa intergeracional –, realizei não só observações de cursos, oficinas e ensaios, mas também de situações informais, como bate-papos em intervalos de atividades e momentos de confraternização. Como fonte complementar, inseri ainda alguns pensamentos de idosos do mundo das artes e das ciências, entrevistados para a revista *A terceira idade*, publicação do Sesc SP, entre 2001 e 2009.

No capítulo que trata dos caminhos que levam à aproximação entre as gerações, comento as observações sobre as atividades eleitas para a pesquisa e outras experiências intergeracionais realizadas desde 2003, ano de lançamento do programa Sesc Gerações. A opção por colocar na parte 4 a análise das observações realizadas se deve ao fato de que nelas prevaleceram os momentos de cooperação e não os de conflitos. A razão disso também será discutida.

Para a elaboração dos procedimentos de pesquisa, procurei seguir o caminho sugerido por Ecléa Bosi[14], que considera a formação de um vínculo de afeto e confiança com os entrevistados o principal esteio de seu método de abordagem, fenômeno que faz do pesquisador sujeito e objeto dos conhecimentos que vão sendo construídos – sujeito como aquele que indaga; objeto como o que registra as informações.

É de Oliveira a observação que, a despeito do desenvolvimento científico observado nas chamadas ciências naturais e a firme crença dos cientistas na conquista da plenitude do conhecimento objetivo, constatamos haver nas ciências humanas uma inevitável e paradoxal situação: o ser humano é, simultaneamente, sujeito e objeto da pesquisa científica. Na tentativa de se desprender de seu objeto, o pesquisador tende a tornar a realidade superficial, isto é, sem contrastes, contradições, paradoxos e ambiguidades, embora a realidade seja tudo isso a um só tempo. Oliveira acredita, ainda, que a superação de tais dificuldades pode se dar pela análise da relação entre o sujeito e o objeto do conhecimento, ou seja, entre o pesquisador e seu pesquisando, atitude de humildade que passa pela recusa a qualquer forma de autoritarismo do pesquisador por sua pretensa detenção de verdades[15].

Este estudo leva em conta rememorações de meu envolvimento pessoal e profissional com atividades intergeracionais junto a crianças, adolescentes e idosos, ao longo dos últimos anos. A esse respeito, é ainda Oliveira que destaca a importante relação entre o tema da pesquisa e a trajetória pessoal

---

14 Ecléa Bosi, *Memória e sociedade: lembranças de velhos*, São Paulo: T. A. Queiroz, 1979, p. 2.
15 Paulo de Salles Oliveira (Org.), *Metodologia das ciências humanas*, São Paulo: Hucitec / Unesp, 1998, p. 23.

e profissional do pesquisador, citando o pensamento de Wright Mills: "Os pensadores mais admiráveis não separam seus trabalhos de suas vidas. Encaram ambos demasiado a sério para permitir tal dissociação, e desejam usar cada uma dessas coisas para o enriquecimento da outra"[16]. Mas a isso Oliveira acrescenta um alerta ao pesquisador: manter sempre um espírito crítico e um prudente distanciamento em relação à própria experiência, para evitar a cristalização de verdades e o estabelecimento de esquemas reducionistas de análise. Nesse sentido, é preciso estar aberto ao novo, deixar-se surpreender pelos dados colhidos, para assim estabelecer novas – e, por vezes, insuspeitas – relações causais. Sobre minha postura de pesquisador, consciente, por um lado, de que devo manter um olhar objetivo sobre a realidade, mas, por outro, percebendo que as situações que investigo se entrelaçam a meu próprio universo de vivências, tomo de empréstimo as reflexões de Gilberto Velho:

> Lido com indivíduos que narram suas experiências, contam suas histórias de vida para um pesquisador próximo, às vezes, conhecido. As preocupações, os temas cruciais são, em geral, comuns a entrevistados e a entrevistador. A conversa não é sobre crenças e costumes exóticos à socialização do pesquisador. Pelo contrário, boa parte dela faz referência a experiências históricas, no sentido mais amplo, e cotidianas também do meu mundo, e às minhas aflições e perplexidades. [...] quando elegi a minha própria sociedade como objeto de pesquisa, assumi, desde o início, que fatalmente a minha subjetividade deveria ser, permanentemente, não só levada em consideração, mas incorporada ao processo de conhecimento desencadeado[17].

Em razão da natureza do trabalho, de seus objetivos e metodologia, não houve preocupação com representatividade estatística. Dirigi atenção a determinadas relações interpessoais, como estudos de caso, e foquei a pesquisa nas que se apresentaram com maior intensidade e exuberância, justamente para refletir sobre seu potencial transformador. Com base na observação das atividades em grupos multietários, alguns de seus participantes foram convidados para uma conversa. A intenção da entrevista foi perfeitamente compreendida e os convites foram prontamente aceitos. O dia, a hora e

---

16 Idem, ibidem, pp. 18-20.
17 Gilberto Velho, *Subjetividade e sociedade: uma experiência de geração*, Rio de Janeiro: Jorge Zahar, 1989, pp. 17-18.

o local do encontro foram decididos pelos participantes, pois penso que o pesquisador deve oferecer as melhores condições possíveis para o estabelecimento de um clima tranquilo e confortável entre ele e essas pessoas que tão generosamente lhe cedem seu tempo.

OS VELHOS E AS NOVAS GERAÇÕES

Nas últimas décadas, a problematização do envelhecimento humano, ou seja, a transformação do fenômeno da velhice em objeto de estudo das ciências biológicas e sociais nos parece, entre outros fatores, causa e consequência de uma nova imagem do velho na sociedade contemporânea. Nesse contexto de incentivo à integração social do idoso, temos assistido a um incremento de ações intergeracionais em áreas como trabalho voluntário, educação, cultura e lazer, cuja expectativa é que, além das gerações diretamente envolvidas nesse convívio, toda comunidade possa ser beneficiada.

Um processo de avaliação de uma ação intergeracional – o Sesc Gerações, programa de atividades culturais e de lazer mantido pelo Sesc São Paulo, desde o ano de 2003 – fez nascer a pesquisa aqui mostrada e sua elaboração posterior. Não somente os acertos, mas principalmente as falhas e as dificuldades me moveram a empreender essa reflexão. Aproximar gerações – em uma sociedade que as distanciou progressivamente ao longo de várias décadas – não é tarefa simples, mas é preciso aceitar o desafio.

A justificativa, pois, para a construção deste trabalho é existirem indisfarçáveis resistências, rejeições, recusas e, por vezes, conflitos explícitos entre as gerações. Ao estudar o conflito de gerações, tentei refletir sobre suas causas e consequências, compreender sua relação com outros conflitos sociais, delimitar seu alcance na família e na sociedade. Para alguns autores há uma certa mitificação de tal conflito, que, por isso, minimizam sua importância. Outros, ao contrário, consideram tais reflexões e intervenções relevantes, acreditando ser esse o caminho para a construção de relações solidárias. Nosso trabalho coteja essas diferentes visões, somando-as a depoimentos de nossos sujeitos e às nossas observações de campo. No percurso, deparei-me com relatos e situações de cooperação entre mais velhos e mais novos, sobretudo no âmbito familiar, fato que fornece esperança e indícios das possibilidades que temos para erigir uma vida social de melhor qualidade.

O livro inicia com um "Histórico da interação geracional e a convivência etária em nossos dias", no qual são apresentados alguns conceitos relativos ao termo "geração". Em seguida, considerações históricas. Primeiro, a respeito das relações intergeracionais na Idade Média, quando não havia propriamente uma noção de geração. Depois, uma análise das "invenções" das gerações, com o estabelecimento de regras e expectativas, bem como espaços sociais exclusivos para as faixas etárias, além do distanciamento geográfico e afetivo entre elas. Como uma tentativa de resposta às dificuldades de relacionamento, são descritas a gênese e a evolução dos chamados "programas intergeracionais".

Na segunda parte as "Novas formas de envelhecer e novas possibilidades de relacionamento entre as gerações" são mostradas, com uma contextualização das relações intergeracionais na contemporaneidade, preparando o terreno para posterior apresentação dos conflitos entre jovens e velhos. Nela, analiso as causas e consequências da explosão populacional dos velhos em praticamente todo o planeta, fenômeno surgido no século XX e inédito na história da humanidade. Alguns dados demográficos mais expressivos, do Brasil e do mundo, situam o leitor nessa nova conjuntura. Como causa, mostro uma combinação de fatores – retração da natalidade, melhoria do saneamento básico, diminuição da mortalidade infantil, sucesso no combate a doenças crônicas e fenômenos migratórios localizados. Como consequência, destaco o impacto sobre o sistema previdenciário, o aumento do peso político eleitoral dos velhos, o incremento de sua participação na sociedade e na família, entre outros novos fatos, como a evolução do conhecimento científico relativo à velhice e ao processo de envelhecimento.

Também a situação da juventude contemporânea é objeto de reflexão na segunda parte do livro. No Brasil, sendo ela variada e cheia de contrastes, como a velhice, talvez devêssemos falar em juventudes, dada a diversidade de condições de vida do nosso jovem. Cobiçados por sua imagem ligada a valores como força e beleza, o corpo e o espírito jovem são idealizados como algo a ser mantido ao longo da vida, mesmo em idades mais avançadas. No entanto, muitos jovens enfrentam no dia a dia problemas de identidade, de autoritarismo por parte dos adultos, além de dificuldades financeiras que lhes limitam o acesso ao trabalho, à educação e à cultura.

A terceira parte da obra, "O conflito de gerações", é aberta com uma discussão sobre a própria noção de conflito, para mostrar como ele é percebido e trabalhado em várias áreas do conhecimento. Esse breve introito foi necessário para poder desembocar no foco deste estudo: situações de conflitos e esquemas de cooperação em pequenos grupos, objetos da psicologia social e da antropologia. Em seguida, uma análise das relações intergeracionais na sociedade de hoje, refletindo sobre a presumida e polêmica universalidade do conflito de gerações, suas especificidades culturais e sua relação com as questões do poder na família e na sociedade. Para isso, recorremos a contribuições de autores como Freud, Claudine Attias – Donfut, Margaret Mead e Eugène Enriquez.

A metodologia empregada para a realização desta pesquisa é exposta na sequência, para justificar como e por que foi assim concebida, e quais são seus objetivos. A influência de caminhos investigativos adotados por autores como Ecléa Bosi e Paulo de Salles Oliveira. Com base nos levantamentos junto aos entrevistados e demais fontes utilizadas, a intenção é a de se buscar uma compreensão maior das diversas formas sob as quais o conflito de gerações se apresenta na família e na sociedade.

Na quarta e última parte, "Cooperação e solidariedade. Caminhos para a superação de conflitos", são apresentadas ponderações com base nos resultados da análise das entrevistas com participantes de oficinas intergeracionais realizadas no Sesc, entrevistas com educadores dessa instituição e, também, na análise das observações do comportamento de jovens e velhos nessas mesmas atividades e em outras situações informais. Além dos diversos conceitos de lazer e de educação permanente, concebidos por diferentes autores. O sentido do brincar, para crianças e adultos, e a importância da ludicidade para o ser humano fazem parte dessa discussão. Proponho, então, ideias sobre como planejar, acompanhar e avaliar atividades intergeracionais, com vistas à otimização de resultados concretizados na emergência de atitudes solidárias entre moços e velhos. Discuto o estratégico papel do animador cultural, profissional-chave em instituições de lazer: sua formação e sua atuação na coordenação de grupos multietários. A importância de se investir na educação do educador é ressaltada e as possibilidades de cooperação nas relações intergeracionais são expostas. Ainda nessa parte, procura-se mostrar também que, nas fases de planejamento, execução, acompanhamento e avaliação de tais experiências, são essenciais, para sucesso dessas iniciativas, determinados cuidados nos procedimentos, o que se traduz no efetivo desenvolvimento de relações de confiança e amizade entre jovens e velhos.

Expressas nas mais variadas formas culturais – música, teatro, literatura, cinema, atividades físicas, cultura popular, meio ambiente, entre outras –, as atividades de lazer guardam considerável potencial para aproximar crianças, adolescentes, jovens, adultos, pessoas de meia idade, idosos, enfim, as mais diversas gerações. Em outras palavras, as atividades de lazer podem efetivamente constituir uma estratégia de aproximação.

Aliás, a importância da aproximação das gerações (com vistas à criação de um convívio solidário) está tematizada nos Anexos. Ali, entre outros depoimentos, comparece Dona Letícia[18], em escrito feito em 1994, época em que a questão da intergeracionalidade ainda não era objeto de muita preocupação entre especialistas e instituições sociais, ao menos em nosso país. Professora aposentada, dotada de grande intuição e incentivadora de programas de integração intergeracional, Dona Letícia, em seu texto "A solidariedade entre gerações", revela a lucidez e a boa vontade de uma pessoa idosa para com as novas gerações.

Em suma, na realização deste estudo – agora elaborado e transformado em livro –, recorri a diversas fontes. Além de autores de diversas áreas do conhecimento, entrevistei protagonistas diretos das experiências intergeracionais por mim vivenciadas (mais diretamente entre 2006 e 2009) nas dependências do Sesc São Paulo. Baseado em entrevistas abertas, constituídas por longas conversas, que davam aos sujeitos oportunidade para rememorar suas histórias de cooperação e conflito, dentro e fora de suas famílias, e para refletir sobre suas vivências com outras categorias etárias, principalmente no Sesc *Gerações*, por serem todos eles vinculados a esse programa de atividades intergeracionais.

Essas entrevistas abertas[19] tinham como base um roteiro previamente testado. Entre os participantes das atividades, foram entrevistadas 14 pessoas, distribuídas entre crianças, adolescentes e idosos, e houve também sete depoimentos de professores, que eram imprescindíveis, pois eles planejaram, executaram e acompanharam o desenrolar das atividades. Tais profissionais possuem uma rica experiência no acompanhamento de processos

---

18 Idosa participante de atividades intergeracionais no Sesc de Piracicaba, interior de São Paulo.
19 Os entrevistados, com seus pseudônimos, foram os seguintes, começando pelos 8 mais novos: Ricardo, 10 anos; Bruna, 10; Marina, 11; Paula, 12; Rodrigo, 12; Karina, 14; Tadeu, 12; Luciana, 16. O grupo de idosos foi constituído por 6 pessoas: Sonia, 66 anos; Maria, 68; Osvaldo, 72; Jussara, 75; Aline, 75; e Lineu, 85. Também foram entrevistados 7 professores, cujas idades variaram entre 35 e 47 anos: Renata, 40 anos; Ronaldo, 47; Carmem, 45; Flávio, 42; Vera, 38; Mônica, 35; Amanda, 45.

grupais e, em seus depoimentos, me forneceram generosamente também suas próprias vivências intergeracionais durante as várias fases de suas vidas. No total, portanto, foram realizadas 21 entrevistas.

Há, na amostra de entrevistados, uma predominância de mulheres nas três categorias de sujeitos[20]. Tal proporcionalidade refletiu a realidade não só do conjunto de participantes das experiências intergeracionais observadas, mas também do quadro de profissionais nelas envolvidos. Entre os frequentadores de idade avançada, nas atividades culturais da Terceira Idade, a desproporção de gênero é um reflexo da chamada *feminização da velhice*, fenômeno atual que tem a ver com o retraimento social do homem velho no presente momento histórico. Mas a presença feminina também foi mais intensa entre os jovens participantes de atividades (que acompanhei) conjuntas com velhos. Havia mais meninas e moças do que meninos e moços, e não pude atinar, de modo seguro, com alguma razão para isso. Já a existência de mais educadoras do que educadores envolvidos nesses processos talvez reflita a prevalência feminina na área de trabalho social.

Os pseudônimos foram usados para preservar o anonimato dos sujeitos, a fim de obter dados que facilitassem a identificação tanto das atividades em que estavam envolvidos como da unidade institucional. Afinal, essas pessoas continuam a se encontrar e formam pequenas comunidades. Por isso, não foram nomeados os centros de lazer em que a pesquisa transcorreu[21]. Esses cuidados se justificam, pois as informações representavam não apenas suas atividades de lazer, mas longos relatos de histórias de vida, permeados ora por situações felizes e divertidas, ora por momentos difíceis e tristes, como a lembrança de sérios conflitos familiares.

Depoimentos[22] anteriores de jovens e velhos foram recuperados neste trabalho. Acrescento, ainda, alguns pensamentos de idosos atuantes no mundo das ciências, da cultura e das artes, entrevistados por mim, entre 2001 e 2009, para a revista *A terceira idade*. Minhas vivências pessoais e profissionais manifestam-se em todo o texto, introduzindo nuances de meus pensamentos em algumas interpretações dos sujeitos e autores consultados.

---

20 Foram três meninos para cinco meninas; quatro idosas para dois idosos; e cinco educadoras para dois educadores.
21 Foram cinco centros culturais, localizados na capital e no interior de São Paulo.
22 Colhidos, entre 1999 e 2003, para minha dissertação de mestrado (quando analisei possibilidades da coeducação entre gerações), publicada por esta Editora em coedição com a Editora Vozes; ver José Carlos Ferrigno, *Coeducação entre gerações*, Petrópolis, Rio de Janeiro: Vozes, São Paulo: Sesc, 2003.

Para compor esse trabalho e sua posterior elaboração para este livro, procurei articular, ao longo do texto, as informações provindas de todas estas fontes: entrevistados, educadores, especialistas, pensadores, observações diretas de atividades, e conversas – formais e informais – com diversos atores envolvidos, de alguma forma, com o tema das gerações. Quanto à metodologia de pesquisa adotada, as principais respostas dos entrevistados foram detalhadas, categorizadas e reproduzidas no devido contexto.

Há, ainda, um esclarecimento importante, que explica meu olhar particular sobre o fenômeno da intergeracionalidade: embora há alguns anos, no acompanhamento de programas intergeracionais, esteja envolvido na observação e reflexão de questões relativas à infância e à juventude, na maior parte do tempo de minha história profissional lidei com velhos. Por essa razão, há mais dados sobre eles, ao longo da pesquisa. A exemplo do sucedido a vários outros profissionais que trabalham com idosos, o tema intergeracional foi despertado, em mim, a partir da certeza da importância de se incluírem os velhos no convívio com os jovens. Por isso, principiei com uma reflexão sobre as novas condições de vida, na sociedade brasileira, de uma razoável parcela de velhos. Esses "novos velhos" têm provocado notável mudança em sua imagem social, cuja expressiva repercussão sobre o imaginário dos jovens pode trazer novas possibilidades de fecundas e transformadoras interações. Refiro-me a "uma parcela" de idosos por sabermos quanto a situação dos velhos brasileiros varia, segundo suas condições de saúde, de classe social, de gênero, entre outros fatores. Seria mais apropriado, então, falarmos em velhices brasileiras: há idosos que enfrentam duríssimos problemas, provocados por doenças, miséria e abandono. Mas também para esses – ou principalmente para esses –, é óbvio que a intergeracionalidade pode trazer benefícios, por exemplo, através do contato com jovens que realizam trabalho comunitário, como em algumas experiências de que tenho notícia.

Este estudo opera, portanto, sobre um determinado recorte do tecido de nossa sociedade. Não tem, assim, a pretensão de ostentar uma representatividade mais ampla. No entanto, se possibilitar a inclusão de mais alguns elementos para a reflexão sobre o relacionamento e formação de vínculos entre pais e filhos, avós e netos, professores e alunos, enfim, entre velhos e moços, terá cumprido sua finalidade.

Numa sociedade marcada pelo distanciamento das gerações – reflexo da dificuldade de aceitação das diferenças e dos diferentes –, devemos apostar na possibilidade de construirmos uma sociedade mais igualitária, uma "sociedade para todas as idades", importante *slogan* da Organização das Nações Unidas – expresso em 2002, em Madri, no Plano de Ação Internacional sobre o Envelhecimento –, que reflete a nova consciência planetária voltada para a importância de um convívio intergeracional saudável e produtivo.

HISTÓRICO DA INTERAÇÃO GERACIONAL E A CONVIVÊNCIA ETÁRIA EM NOSSOS DIAS

1. O conceito de geração e a questão da intergeracionalidade

A despeito da relevância e os vários sentidos que as ciências humanas atribuem para "geração", há – tanto no discurso popular quanto nos trabalhos científicos – confusões sobre o seu significado[1]. Para explicá-las, Claudine Attias-Donfut observa que a palavra geração comporta, no mínimo, cinco sentidos.

- Primeiro: geração algumas vezes é usada como termo para distinguir coortes, representando grupos de pessoas nascidas em uma mesma época e que vivenciaram os mesmos acontecimentos, por exemplo, a geração da Segunda Grande Guerra.
- Segundo: como um derivado dos estudos das relações familiares entre avós, pais e filhos, tendo a ver com a posição de cada familiar nesse universo.
- Terceiro: como medida de tempo, representando o número de anos entre a idade dos pais e a dos filhos. Esse conceito de geração é encontrado na maioria das culturas e também nos escritos bíblicos. É, porém, uma medida imprecisa desse intervalo entre uma idade e outra, e, nesse sentido, pode variar de menos de 20 a mais 40 anos.
- Quarto: relaciona-se às políticas sociais para as distintas idades, levando em conta a sequência das fases de estudante, de traba-

---

[1] Sara Aber & Claudine Attias-Donfut, *The Myth of generational conflict: the family and state in ageing societies*, Nova York: Routledge, 2000, pp. 2-4.

lhador e de aposentado. Nesse caso, portanto, as gerações são identificadas pela situação escolar, pela participação ou não no mercado de trabalho, pelas contribuições que fazem ao sistema de seguridade social e pelos benefícios que dele recebem. Hoje, entretanto, tornaram-se bem menos claras as idades "próprias" ao estudo e ao trabalho – assim como há jovens que começam cedo a trabalhar, há idosos ainda estudando.
- Quinto: o conceito, desenvolvido por Karl Mannheim, que relaciona o processo de formação de gerações às mudanças sociais. Ele, segundo Attias-Donfut, argumenta que certos indivíduos estão relacionados entre si não apenas por terem nascido na mesma época, mas por viverem em um período de rápidas mudanças sociais. Em virtude disso, desenvolvem uma consciência histórica própria, uma identidade coletiva que influencia suas atitudes e comportamentos. Assim, determinado grupo distingue-se das gerações anteriores e cada geração se identifica pelas experiências históricas que compartilhou, resultando em uma visão comum do mundo.

Nome importante da chamada sociologia do conhecimento, Karl Mannheim passou a ser referência por seu conceito de geração. Para ele, não se pode considerar uma geração como um grupo concreto (a exemplo da família ou da tribo), pois não tem estrutura organizacional visível[2]. Tampouco a ideia de classe de idade se confunde com a de classe social[3]. Todavia, pertencer a uma mesma geração determina certos pensamentos e comportamentos: por ocuparem o mesmo lugar em uma estrutura global, seus membros pensam e atuam de certo modo. Assim, as ações têm de ser analisadas em termos do lugar que ocupam dentro de um processo dinâmico; a análise deve ser, pois, estrutural. Para o autor, com base em uma mesma locação (*Lagerung*) de indivíduos em determinado contexto social e em um mesmo processo histórico que a geração se constitui. Nessa mesma perspectiva, Marialice Foracchi afirma:

---

2 Karl Mannheim, "The problems of generations", *Essays on the Sociology of Knowledge*, Londres: Routledge & Kegan Paul, 1952, p. 288.
3 O conceito de classe social identifica os indivíduos pelo lugar que ocupam nas relações de produção de uma sociedade complexa e muito estratificada, como a nossa.

Os membros de uma mesma geração compartilham um acervo comum de experiências, situações de vida e oportunidades de trabalho. Usufruem, juntos e contemporaneamente, os benefícios e a opressão, as vantagens e a vilania, a tensão e alegria do destino prefigurado pelo seu modo de inserção na estrutura social. Essa vivência compartilhada não é, contudo, desordenada e difusa. Apresenta um modo de ordenação característico. Sendo compartilhada, a estratificação da experiência é responsável pela afinidade de localização social. Os mesmos acontecimentos que compõem o acervo de experiências de uma geração, essa identidade de vivência que, no limite, é estratificada de modo semelhante, conduzem à mesma localização social, formam o estilo de conhecimento e de atuação característicos de uma geração[4].

Por serem colocados em contato com as mesmas coisas em suas primeiras e cruciais vivências, os membros de um mesmo grupo apresentam certas similaridades. Em uma dada sociedade, os mesmos acontecimentos podem ser experimentados por grupos de jovens ou de velhos. Mas, dependendo de estarem sendo experimentados pela primeira vez ou isso ocorrer dentro de um quadro já formado de experiências semelhantes, os efeitos desses eventos serão diferentes.

Essa característica é enfatizada por Claudine Attias-Donfut ao comentar que o impacto dos eventos – principalmente daqueles de maior importância, como a Segunda Guerra Mundial – atua de modo diverso sobre os diferentes membros da sociedade. A profundidade das marcas deixadas vai depender não só da extensão com que as diversas gerações são expostas a eles, mas também da idade dos indivíduos e de sua posição como atores sociais em relação às estruturas políticas e sociais mais amplas (por exemplo, se tais indivíduos são apenas testemunhas ou se são vítimas desses eventos). Além disso, não são apenas os acontecimentos maiores que deixam marcas – há inúmeros outros fatores sociais e culturais ligados a grupos de pessoas de idade similar (como os alunos dos diferentes estágios escolares, turmas de lazer, de serviço militar) que vão criar uma referência comum e um conjunto de experiências compartilhadas. Tais referências são internalizadas durante os anos de formação de cada um; as experiências históricas, entretanto,

---

4 Marialice Foracchi, *A juventude na sociedade contemporânea*, São Paulo: Pioneira, 1972, p. 21.

continuam a deixar gravada sua marca ao longo de todo o curso de vida nos níveis tanto individual quanto coletivo[5].

Nas considerações de Claudine Attias-Donfut, diferentemente da teoria de Mannheim, as gerações estão continuamente envolvidas, não dependendo do momento particular no tempo em que se movem nem da grandeza dos acontecimentos, sejam grandes turbulências, sejam somente formas mais brandas de mudanças sociais. Ela observa, ainda, que o reconhecimento social de uma "geração histórica" é feito *a posteriori*: apenas por meio da reconstrução seletiva do passado é que uma geração se torna associada a eventos sociais específicos. Trata-se de processo de recordação e comemoração, através do qual o evento social é mantido vivo para as gerações que o testemunharam. Tal processo delega a determinada geração a tarefa de servir como testemunha da história e memória coletiva da sociedade[6] – em outras palavras, o usualmente definido como "geração histórica" é produto do imaginário social que contribui para construir o tempo social. Por fim, considera que o sentimento de pertencer a uma geração se dá não somente através de um processo horizontal, ligado a um momento específico na história de uma experiência compartilhada, mas também de um processo vertical, através das relações familiares.

---

5   Sara Aber & Claudine Attias-Donfut, *The Myth of generational conflict...*, op. cit., p. 3.
6   A autora explica que adota o sentido dado por Maurice Halbwachs em *La mémoire collective*, 1950.

2. O convívio de gerações construído ao longo da história

Em diferentes etapas da história, a construção social das gerações concretiza-se pelo estabelecimento de valores morais e expectativas de conduta para cada fase da vida. Como um dos sintomas da Modernidade as gerações foram "descobertas". Na Idade Média, diferentemente da nossa época, não havia divisão nem territorial nem de atividades em função da idade dos indivíduos. Não havia, então, um "sentimento de infância", ou seja, uma representação elaborada desse momento. Philippe Ariès fala – a partir do século XVIII, quando houve a fundação de um estatuto para essa faixa etária – de uma invenção social da infância. Da Idade Média até o início dos tempos modernos – e por mais tempo ainda nas classes populares –, as crianças misturavam-se aos adultos assim que fossem consideradas capazes de dispensar a ajuda das mães ou das amas, ou seja, assim que prescindissem dos cuidados maternos de sobrevivência. Mais ou menos com 7 anos de idade, ingressavam na grande comunidade dos homens, incluindo aí jovens e velhos, participando dos trabalhos, das festas e dos jogos do dia a dia[1]. Podemos supor que, na era pré-moderna, a vida era relativamente igual para as diferentes idades, ou seja, não havia muitos estágios, e os que existiam não eram tão claramente demarcados, com exceção dos rituais de iniciação para homens e mulheres na passagem da infância para a fase adulta, durante o período que, posteriormente, foi nomeado adolescência.

---

1 Philippe Ariès, *História social da criança e da família*, Rio de Janeiro: Zahar, 1981, pp. 275-279.

Na era moderna, pode-se dizer que as idades foram sendo "inventadas"[2]. De início, a infância, com a institucionalização da escola. Depois, Stanley Hall[3] elabora uma psicologia da adolescência na segunda metade do século XIX, e a repercussão de suas teorizações colabora para uma maior visibilidade social das pessoas dessa faixa etária. No século XX, é "inventada" a velhice, com o desenvolvimento da gerontologia e a criação dos centros de convivência, das faculdades abertas a esse contingente, além do estabelecimento de políticas públicas específicas. Uma determinada coorte de velhos é elevada à condição de terceira idade, com promessas de um envelhecimento prolongado, ativo e saudável. Mais recentemente, outro período da vida tem sido problematizado, tornando-se objeto de estudos e intervenções: a fase de transição para a velhice, a meia-idade, longo período entre os 40 e os 60 anos, marcado culturalmente por crise de identidade, com algumas incertezas e inseguranças semelhantes às da adolescência.

Essa fronteira etária mais nítida impôs normas de conduta específicas para cada geração e para cada sexo. Até os anos 1950, por exemplo, tal "especificação" se expressou fortemente nas roupas indicadas para meninos e meninas, homens e mulheres (adultos jovens ou idosos), fenômeno que podemos constatar ao ver imagens de filmes e seriados de TV: os homens sempre vestiam terno de cores sóbrias (preto, cinza, marrom etc.) e gravatas "sérias"; as mulheres, apenas vestidos. Mas, naquela época, provocou polêmica o surgimento das calças compridas femininas[4]. A partir daí, como se anunciasse uma nova etapa no relacionamento intergeracional, é possível perceber – inclusive nos trajes – uma progressiva indiferenciação etária.

Ao analisar a evolução dos costumes ao longo da Idade Média – num processo que ele chama de civilizador, ou seja, num esforço de progressiva humanização das relações sociais –, Norbert Elias nos mostra que a livre discussão, entre crianças e adultos, de temas como "sexualidade" precedeu o puritanismo do século XIX, caracterizado pela severa interdição de práticas e discursos nessa área. Por sua vez, essa herança vitoriana deu lugar, principalmente a partir de meados do século XX, a uma nova onda de liberalidade

---

2 Mike Featherstone, "A velhice e o envelhecimento na pós-modernidade", *A terceira idade*, São Paulo, Sesc: ago. 1998, Ano X, nº 14, p. 10.
3 G. Stanley Hall. *Adolescence: its psychology and its relations to physiology, anthropology, sociology, sex, crime, religion, and education.* 2 vols. Nova York, Appleton, 1904.
4 E, até maio de 2000, inclusive, seu uso era proibido nas sessões dos tribunais de justiça brasileiros.

nas conversas entre gerações mais novas e mais velhas[5]. Tais atitudes são exemplos de padrões culturais que, ao longo da linha do tempo, determinam a alternância de aproximações e de afastamentos entre o mundo adulto e o mundo infantil.

Na modernidade, a delimitação das gerações – os "nichos" em que são colocadas – reflete a tendência moderna e racionalista de seriar e classificar coisas e pessoas, pensamento que se aplica à formação do conceito de geração como hoje é entendido. Tal variabilidade nos chama a atenção para a transitoriedade das formas de interação entre os grupos etários.

---

5 Norbert Elias, *O processo civilizador. Uma história dos costumes*, 1, Rio de Janeiro: Jorge Zahar, 1994, p. 73-81.

3. O relacionamento entre gerações em nossos dias: distanciamento, conflito, cooperação e coeducação

Com base, então, nessas breves considerações históricas, a questão que se coloca é: como vivem e convivem hoje as gerações? O distanciamento social entre elas é um fenômeno dos tempos atuais: a sociedade moderna compartimentaliza as faixas de idade.

Para uma das nossas entrevistadas, uma causa para o conflito de gerações é a distância afetiva e a falta de convivência entre elas: "Jovens e velhos estão quase sempre separados, não têm um momento em que se juntam, um lazer... na escola tem reuniões de pais e mestres... mas ali não entram as crianças. Há muita separação. Acho que em alguns momentos tem que haver um encontro para que haja amizade" (D. Maria, 68 anos).

Um dos educadores do Sesc, considerando as relações sociais na atualidade, fala desse distanciamento e o vê como um possível causador de conflitos entre as gerações:

> *Eu acho que isso se deve ao momento histórico, porque na verdade as gerações só convivem mesmo dentro de sua própria faixa etária; até porque a gente acaba impondo isso... seja na escola, em várias instituições... essa separação... acho que tem até questões familiares... a distância do idoso da criança... a falta desse convívio... Eu não sei definir, mas pelo que eu ouvi de histórias de vida, pelo que eu vejo... há muita resistência, a pessoa vai se fechando... nós temos que tomar muito cuidado com isso, a gente vai se fechando; então, não se permite um contato com os jovens, não dá essa liberdade, essa abertura. A gente reprime os jovens* (Flávio, 42 anos).

A falta de atenção e o distanciamento físico entre pais e filhos, com destaque para a mãe trabalhadora, constituem, para outra entrevistada, forte fator de dificuldade no relacionamento:

> *Há falta de atenção; às vezes, não dá para dar atenção para a criança. Eu acho que a mulher trabalhando fora... porque a mulher trabalhava mais dentro de casa; então, ficava mais perto dos filhos, o tempo todo. E agora, não... os pais saem para trabalhar... e os filhos ficam... é difícil... não ficam sempre juntos... sentem a falta de amor, porque o amor une muito... muita compreensão é preciso... a criança precisa dos pais juntinhos, mas hoje em dia, o senhor veja, nasce e já vai para um berçário, já vai para uma creche* (D. Aline, 75 anos).

Ao que parece, o distanciamento geracional é percebido de alguma forma, em cada geração, a seu modo e de acordo com interesses próprios. Bruna, 10 anos, uma das participantes das atividades intergeracionais, acha que é preciso ter hora para as obrigações da criança, e os pais têm de ter tempo para ficar com os filhos: "Tem que ter hora para estudar, para trabalhar e um horário para a criança. Se a criança tem que ter um horário para tomar banho, essas coisas... os pais também têm que ter um horário para as crianças".

Karina, 14 anos, outra entrevistada, fala como os jovens da sua comunidade religiosa veem um certo professor – o "cooperador", um líder da comunidade cuja função é educar os jovens – que exerce um papel de liderança sobre eles.

> *Tem alguns que ficam meio receosos de falar com ele ... mas eu nasci ali naquela igreja, então eu conheço ele desde que eu nasci... então, eu não tenho vergonha de falar com ele; mas os meus amigos, por exemplo, têm muita vergonha de falar com ele, porque eles acham que ele vai brigar com eles se eles falarem alguma coisa... se eles chegarem para perguntar alguma coisa...*

Aqui se fala de um certo temor a esse líder, um adulto. Temor associado à figura de autoridade, fato que parece ser muito comum nos relacionamentos professor-aluno; no caso, professor e aluno adolescente. A falta de familiaridade com esse professor gera desconfiança.

Esse distanciamento que a sociedade de massas produziu entre as pessoas é analisado por Hannah Arendt, ao discutir as articulações entre a esfera pública e privada das relações humanas no mundo atual: "O que torna tão difícil suportar na sociedade de massas não é o número de pessoas que ela abrange, ou pelo menos não é esse o fator fundamental; antes, é o fato de que o mundo entre elas perdeu a força de mantê-las juntas, de relacioná-las umas às outras"[1].

E é possível constatar essa "separatividade": crianças, adolescentes, adultos jovens e adultos velhos ocupando "áreas reservadas", como creches, escolas, oficinas, escritórios, asilos, locais de lazer próprios etc. Há algumas décadas, quando os centros urbanos ainda não eram tão extensos quanto atualmente, era possível observar grupos de crianças ouvindo atentamente histórias contadas por pessoas idosas, inclusive por seus avós. Todavia, o crescimento vertiginoso das cidades, a nuclearização da família (o que, por vezes, determinou o afastamento dos avós), a popularização da televisão e dos entretenimentos virtuais, além da consolidação de novos valores, têm sido alguns dos fatores apontados como os mais influentes no distanciamento das gerações, com o consequente enfraquecimento da transmissão de conhecimentos de uma geração para outra. Em nossos tempos, de modo geral, as gerações vivem segregadas em espaços exclusivos.

Nesse contexto, o distanciamento pode ser entendido como falta de interesse pelo outro. Assim, vale aqui indagarmos como as gerações se percebem. Serge Moscovici[2], ao explicitar seu conceito de representação – algo determinado pela complexa conjunção de influências recebidas pelo meio social, que forja como captamos a realidade –, exemplifica a parcialidade de nossa percepção, sugestivamente, com o fenômeno da "invisibilidade" dos velhos diante dos jovens e da sociedade em geral. E também registra a reciprocidade da indiferença dos velhos em relação aos jovens, fato que, nas análises das relações entre gerações, não é comumente observado, principalmente pelos gerontólogos:

Nós não estamos muito conscientes de algumas coisas bastante óbvias [...] nós não conseguimos ver o que está adiante de nossos olhos. É como se nosso olhar

---

1 Hannah Arendt, *A condição humana*, 10. ed., Rio de Janeiro: Forense Universitária, 2003, p. 62.
2 Serge Moscovici, *Representações sociais: investigações em psicologia social*, Petrópolis: Vozes, 2003, p. 20-33.

ou nossa percepção estivessem eclipsados, de tal modo que uma determinada classe de pessoas, devido à idade, por exemplo, não existisse. Os velhos pelos novos e os novos pelos velhos [...] se tornam invisíveis quando, de fato, eles estão "nos olhando de frente"[3].

E completa sua reflexão ponderando que essa invisibilidade não se dá por falta de informação, mas devido a valores sociais que operam uma fragmentação pré-estabelecida da realidade, o que torna algumas coisas e pessoas mais visíveis que outras.

Também Tom Zé, músico e compositor, contribui para essa discussão, chamando a atenção para a reciprocidade de tratamentos: "Há segregação porque o diferente é que incomoda, é a incapacidade de conviver com a diversidade. Da mesma forma que o jovem segrega o velho, o velho segrega o jovem"[4]. A pouca visibilidade recíproca entre as gerações pode estar relacionada ao distanciamento físico e afetivo entre as faixas etárias.

Escolarizadas cada vez mais precocemente, as crianças passam desde os primeiros meses muitas horas em creches e instituições assemelhadas, porque pais e mães trabalham durante o dia todo. Por falta desses, ou mesmo por outros motivos, há inúmeras vivendo permanentemente internadas em estabelecimentos especiais. Embora nesses locais haja contato com adultos, eles são poucos e estão lá principalmente para cuidar delas, fato que estabelece uma convivência mais restrita e restritiva, marcada por papéis bem definidos: são figuras de autoridade.

Fora do espaço da escola (onde é mais frequente a convivência com seus pares), os adolescentes se mostram especialmente motivados a formar grupos de amizade, também compostos por indivíduos de mesma idade ou de idade bem próxima. Aliás, em décadas mais recentes, a ênfase parece recair na formação de grupos com ideias, valores e hábitos bem semelhantes, fato que explica a significativa profusão das chamadas "tribos juvenis", identificadas não só ideologicamente, mas também pela aparência de seus membros, através de trajes e adereços. Entre os jovens é notável a grande variedade de estilos de vida.

---

3 *Idem, ibidem*, p. 30.
4 Tom Zé [Antônio José Santana Martins], [Entrevista], *A terceira idade*, São Paulo, Sesc, out. 2008, n° 43, p. 93.

Já o universo do adulto é formado, em grande parte, pelo mundo do trabalho, no qual as relações se dão basicamente com outros adultos. Também em espaços dedicados ao estudo, ao lazer ou a alguma atividade de militância social, cultural, política ou religiosa, adultos em sua maioria desenvolvem relacionamentos com outros adultos, faixa etária que costuma ser dividida em subfaixas – adulto jovem, meia-idade e velhice –, com expectativas de desempenho de papéis mais ou menos definidos para cada uma delas.

Em decorrência de inúmeros fatores culturais contemporâneos, no caminho em direção à velhice, os contatos sociais, para muitos idosos, tendem a se tornar rarefeitos. Assiste-se, então, a um progressivo esvaziamento de papéis, fato que determina crescente isolamento ou recolhimento ao espaço doméstico. Além da aposentadoria, a chamada "síndrome do ninho vazio", caracterizada pela debandada dos filhos emancipados, é fenômeno que impõe aos mais velhos uma expressiva diminuição de funções sociais, atingindo mais fortemente a mulher em seus papéis de mãe e avó.

Sobre o "ninho vazio", no entanto, é preciso registrar um contraponto, uma mudança recente no comportamento de filhos adultos: muitos deles protelam a saída – ou não saem – da casa de seus pais, ou retornam a ela por várias razões. Uma é a escassez da oferta de trabalho – que nas décadas mais recentes tende a vitimar principalmente brasileiros mais jovens –, somada ao prolongamento da escolarização, também por motivos profissionais. Outra se refere à crescente criminalidade nas cidades brasileiras, exigindo dos pais uma atitude protetora, às vezes até excessiva, que prolonga a permanência dos filhos no lar paterno; a maior liberdade sexual que os jovens atuais têm para relacionamentos íntimos com namoradas e namorados na casa dos pais nos parece ter sido decorrência de uma alternativa encontrada para abrigá-los em ambientes seguros e protegidos. Já o regresso à casa dos pais pode ser provocado por separações conjugais de filhos que, premidos por necessidades financeiras, muitas vezes trazem consigo também suas crianças. Em decorrência desse novo contexto familiar, vários estudiosos falam de uma nova síndrome: a do "ninho cheio".

Como reagem os idosos a essa "nova síndrome"? Há alguns anos, eram mais comuns queixas pelo "abandono" a eles imposto pela debandada dos filhos e os decorrentes e inevitáveis sentimentos de solidão e rejeição. Hoje é mais frequente o discurso oposto: lamentam-se pela permanência ou pela volta dos filhos. Num universo de relações marcadas por sentimentos contraditórios, para alguns prevalece a percepção da tranquilidade perdida e o começo de dissabores acarretados pelos desentendimentos com filhos e netos. Para outros, tal retorno é o fim da solidão, recuperando a alegria do convívio familiar.

Elsa Ramos, no entanto, observa que – entre pais e filhos já crescidos que, por diversas razões, permanecem na casa de seus genitores – se estabelecem negociações, permitindo não só uma convivência satisfatória, mas um caminho construído pela família para que o jovem passe à condição de adulto, em uma sociedade já desprovida dos chamados ritos de passagem[5].

E os jovens, querem permanecer com seus pais e avós? No que pude constatar pelas conversas mantidas com vários adolescentes dentro e fora do Sesc, sua posição é ambígua: desejam as vantagens que a independência proporciona, mas não desprezam o conforto e a segurança de dependerem da família.

Reconhecendo diferenças que podem gerar situações conflituosas entre as gerações e sintetizando aquelas particulares do relacionamento entre as gerações na família, Sara Nigri Goldman acredita na existência de um pacto intergeracional no seio familiar, resultado de um esforço coletivo para o enfrentamento das dificuldades que vêm da sociedade de modo geral[6].

---

5 Elsa Ramos, "As negociações no espaço doméstico: construir a 'boa distância' entre pais e jovens adultos 'coabitantes' ", em Myriam Lins de Barros, *Família e gerações*, Rio de Janeiro: Editora FGV, 2006, pp. 39-65.
6 Sara Nigri Goldman, "As dimensões sociopolíticas do envelhecimento", em Ligia Py et al. (Orgs.), *Tempo de envelhecer: percursos e dimensões psicossociais*, Rio de Janeiro: Nau, 2004, p. 67.

4. As mútuas resistências e rejeições.
   O preconceito etário

No caminho da aproximação das gerações, há muitos obstáculos constituídos por preconceitos recíprocos: não é um percurso fácil. As várias formas que as atitudes preconceituosas direcionadas aos velhos assumem foram abordadas em numerosos trabalhos acadêmicos. Também eu, em outro trabalho[1], analisei diferentes processos de estigmatização impostos a essas pessoas, baseando-me em postulações de Erving Goffman e defendendo a ideia de que tal discriminação é fruto de uma sociedade que mercantiliza as relações sociais, incentiva a competição, enaltece o descartável e despreza valores que alimentam a solidariedade.

É reveladora a maneira com que Rubem Alves, escritor, ilustra a discriminação dos velhos no seio da família:

> Observe as famílias num restaurante. O velho fica no lugar de honra, a cabeceira. Que é o lugar mais longe. Todos conversam entre si. Não se dirigem ao velho. Ele não faz parte. É apenas um observador ausente. Já "embarcou na canoa e foi para a terceira margem do rio". Esse exílio do velho, essa solidão em meio a muitos, é o início da sua morte. É uma pena, porque os velhos têm tantas estórias interessantes para contar[2].

---

1 José Carlos Ferrigno, "O estigma da velhice: uma análise do preconceito aos velhos à luz das ideias de Erving Goffman", *A terceira idade,* São Paulo: Sesc, abr. 2002, n° 24, pp. 48-52
2 Rubem Alves [Entrevista], *A terceira idade,* São Paulo: Sesc: abr. 2002, n° 24, p. 87. O trecho entre aspas "embarcou na canoa e foi para a terceira margem do rio" é alusão ao conto, de João Guimarães Rosa, "A terceira margem do rio", *Primeiras estórias,* Rio de Janeiro: José Olympio, 1969, pp. 31-37

A discriminação dirigida às gerações mais velhas não se resume aos que atingiram uma idade mais avançada. Ela pode vir de um adolescente e se manifestar também em relação ao adulto mais jovem, como nos contou Flávio, educador, com base em uma experiência pessoal:

> *Eu me senti muito mal em uma ocasião... Eu fui buscar o meu sobrinho em uma rua de barzinhos em que só tinha adolescente... E aí eu abri o vidro do carro e o chamei. Então, um moleque gritou: "Olha lá, seu pai veio te buscar!", tirando um sarro de mim, como quem diz: "O que esse tio está fazendo aqui, numa rua em que só tem molecada?!"... Eu me senti muito mal* (Flávio, 42 anos).

Mas, se há, de fato, discriminação a velhos, há, por outro lado, uma reciprocidade menos evidente, que pode assumir diferentes feições: o preconceito em relação às gerações mais jovens. As atitudes discriminatórias dos mais velhos – não necessariamente pessoas já na velhice – surgem sob várias formas. Vejamos algumas.

Sobre a importância dos grupos de convivência para idosos, não há dúvidas. Em qualquer parte do mundo tais associações oferecem a preciosa oportunidade de estabelecer vínculos afetivos e de compartilhar preocupações, angústias, sonhos e desejos entre aqueles que vivem o fenômeno do envelhecimento. Acima de tudo, os grupos de convivência respondem, em qualquer fase da vida, à necessidade das pessoas de se sentirem pertencendo a uma determinada geração. Assim como os adolescentes têm sua turma, também os idosos sentem essa necessidade e têm esse direito. Os interesses e as experiências comuns que caracterizam o significado de "geração" explicam tal necessidade. Como analisei em outro trabalho[3], a meta central dos grupos de convivência é a socialização do idoso – ou talvez seja mais correto dizer a sua ressocialização. Isso porque muitas dessas pessoas já tiveram relações sociais intensas, posteriormente empobrecidas pela aposentadoria, a partida dos filhos, a viuvez, o falecimento ou distanciamento de parentes, amigos e vizinhos.

---

3 José Carlos Ferrigno; Maria L. C. de B. Leite & Albamaria Abigalil, "Centros e grupos de convivência de idosos: da conquista do direito ao lazer ao exercício da cidadania", em Elizabete Viana de Freitas *et al.*, *Tratado de geriatria e gerontologia*, 2. ed., Rio de Janeiro: Guanabara Koogan, 2006, p.1436-1443.

Assim, em alguns grupos de convivência de idosos, pode haver uma séria limitação: seu fechamento a outras gerações. Trata-se de uma situação que, paradoxalmente, opera na contramão de seu objetivo maior, que é o de promover a integração social de seus membros. Muitos núcleos de idosos não mantêm contatos com outras faixas etárias. Alguns tendem mesmo a evitar interações com pessoas de outra geração, configurando-se, assim, verdadeiros guetos etários.

A esse respeito, um dos entrevistados, coordenador de atividades de lazer, descreve o que ilustra, no âmbito de uma instituição cultural, a resistência de alguns idosos à aproximação com jovens:

> *Tinha muitos adolescentes que faziam um curso de dança de salão e que iam ao baile frequentado principalmente pelo pessoal da terceira idade. Esses jovens ficavam no cantinho só observando ou dançando discretamente... Eu me deparei com várias idosas que reclamavam deles: "O que eles estão fazendo aqui?". Eu dizia: "Eles estão dançando!". Aí elas falavam assim: "Mas, aqui não é lugar deles, eles estão atrapalhando a gente!". Eu respondia: "Minha senhora, aqui as portas estão abertas, a gente não tem preconceito nenhum em relação à idade... A senhora podia até tirar um menino para dançar, a menina tirar um senhor para dançar, vocês podiam até trocar experiências, ensinar a eles um passo de bolero". Acho que eles estão segregados, acho que eles deveriam ir para o meio do salão e não ficar num canto... Mas, isso acontece. Estamos em pleno século XXI e vemos uma segregação que vem do próprio idoso* (Flávio, 42 anos, educador).

Já na visão de Renata, os idosos tendem a ser mais preconceituosos em relação aos jovens do que o contrário, e a apresentar resistência em compartilhar os espaços físicos da instituição para o exercício das atividades de lazer:

> *Em alguns momentos eu percebo que os idosos são mais preconceituosos em relação aos jovens do que o inverso. Por exemplo, sobre um jovem funcionário, alguns idosos disseram: "Mas, esse menino vai coordenar a atividade? Tinha que ser alguém mais velho, mais experiente...". Outra coisa: aqui as crianças acabam cedendo espaço aos idosos. Eles se sentem donos do pedaço e, embora digam que gostam da integração, na prática não é bem assim* (Renata, 40 anos, educadora).

Uma das entrevistadas, professora de uma oficina de canto coral, embora tenha constatado em parte dos idosos maior resistência a interagir com crianças, menciona, em compensação, a franca adesão de outros idosos:

> *Alguns idosos tiveram um pouco de resistência. Tanto que o grupo diminuiu, deu uma "enxugada" porque houve desistência. Algumas pessoas ficavam um pouco nervosas com as crianças, que estavam muito agitadas... Enfim... Aí logo no ensaio seguinte, já tinha menos gente... Mas, depois, os que ficaram abraçaram a causa com muita vontade. Foi só uma minoria de idosos que não veio mais. A maioria ficou e gostou* (Mônica, 35 anos).

Aqui é preciso fazer uma observação importante, ainda que evidente. Nem sempre a pouca ou nenhuma disposição dos idosos para interagirem com crianças ou jovens é demonstração de preconceito. Em qualquer lugar e a qualquer hora, qualquer pessoa, obviamente, tem o direito de estar com quem bem entender. O idoso ou idosa, que em determinado momento prefere ficar só ou com os seus pares, pode em outras situações desejar o convívio com jovens. Muitos desses frequentadores de instituições socioculturais curtem bastante seus netos e vão lá para o exercício pontual de algumas atividades que não incluem crianças. No caso da oficina de canto coral, acima mencionada, além da falta de preparo para o trabalho de integração do grupo de alguns dos profissionais envolvidos[4], havia, de fato, uma parte das idosas que não aceitaram a ideia de compartilhar a atividade de canto coral com as crianças, pois anteriormente o trabalho estava sendo desenvolvido apenas pelo grupo da terceira idade. Nessa experiência, não dá para falar propriamente em aversão às crianças, apenas em divergências de interesse entre os profissionais que idealizaram a atividade, priorizando o trabalho intergeracional, e uma parcela dos idosos que foram convidados a viver tal experiência.

No cotidiano do trabalho, em minhas observações e conversas com idosos, crianças e jovens, é possível levantar algumas razões para tentar explicar a maior resistência às atividades com outras gerações, ou mais propriamente a das idosas, já que elas são maioria absoluta nos grupos de terceira idade:

---

4 Tratada na Parte 4, ao analisar o papel do educador na condução dos processos grupais.

- Algumas consideram que interagir com crianças dá trabalho e amolação, e querem sossego. Dessas, umas poucas são influenciadas pelas amolações de crianças com as quais se envolvem em algum momento: netos ou outras crianças, dentro ou fora da família.
- Parece que a maior adesão das crianças e dos adolescentes à ideia de interagir com pessoas mais velhas se deve à sua maior curiosidade e abertura para o mundo, algo que muitas vezes arrefece com o passar dos anos.
- Atualmente crianças e adolescentes estão mais fortemente organizados em grupos no Sesc do que os idosos, pois nessa instituição os grupos de terceira idade perderam sua força, em decorrência do crescente volume de opções de lazer (dentro e fora da instituição) e da dificuldade de acompanhamento de suas atividades por parte de profissionais – escassos e sobrecarregados no atendimento também a outras áreas da programação. A organização das crianças e adolescentes em programas específicos, monitorados por professores especializados, facilita a adesão para as atividades intergeracionais e a reflexão sobre a importância dessa aproximação.

De modo geral, nossas observações – e vários depoimentos – apontam para uma abertura maior das crianças e dos adolescentes para interagir com os idosos do que o contrário. Uma das idosas entrevistadas reconhece que, nesse contexto, as crianças são mais abertas, mais disponíveis para o relacionamento com os mais velhos:

> *Sabe, a criança gosta muito mais do idoso do que o idoso da criança. Eu tenho sobrinhas-netas, pequenininhas, brincam de escolinha e querem que a gente faça também as coisas, para elas não tem idade. Para a criança não existe idade, elas são mais maleáveis. Criança quer brincar; desde que você brinque, você é igual. Agora, para o idoso, não... Aí pode ter conflito. Tem pessoas idosas que não gostam: "Eu não! Ficar com criança". Acho que é rabugice mesmo, são pessoas que envelheceram muito depressa e não aceitam... Acham que têm de ficar de um lado e criança de outro... Mas, é uma minoria... Só que, às vezes, atrapalham...* (Maria, 68 anos).

Neste ponto convém refletir sobre atitudes dos avós em relação a seus netos. Considerando idosos de classes populares e aqueles das classes médias, parece haver entre esses grupos diferentes valores e comportamentos. Tal observação foi feita por Paulo de Salles Oliveira, ao comparar a disponibilidade dos avôs e das avós que entrevistou[5] com a atitude dos avós de classe média, sujeitos da pesquisa de Myriam Lins de Barros[6]. No primeiro caso, as avós buscam compatibilizar o cuidado dos netos com a intensa faina diária dos afazeres domésticos, num contexto de carência material e financeira gerada pela pobreza. Entendem que sua missão é mesmo a de se dedicar aos netos, uma vez que frequentemente os pais dessas crianças, por motivos vários, estão impossibilitados disso. Já entre os idosos de classe média, os novos valores ligados a uma vida independente e autônoma, além dos apelos relativos aos cuidados com o corpo e à fruição do prazer, fazem com que, para ficar com os netos, essas mulheres imponham restrições a suas filhas. Como têm uma agenda de atividades, negociam horários para a colaboração em tarefas familiares. Isso não quer dizer, é claro, que gostem mais ou menos de seus netos ou que apreciem ou não crianças, mas apenas que reivindicam mais tempo para elas mesmas.

Evidentemente, há pessoas idosas dos estratos sociais médios que valorizam o contato com gente nova, e conheci muitas delas em meu trabalho. Uma senhora que entrevistei (e que aprecia estar com jovens) critica idosos que evitam aproximação com outras gerações: *"De certa maneira, o idoso se isola, porque ele diz: 'nós temos o nosso grupo, nossas ideias, tudo nosso. E se tivesse jovens ali juntos, mesclados, ouvindo o que eles têm para falar, o que eles têm para oferecer e a gente também mostrando para eles que a gente tem alguma coisa para oferecer, não seria bom?"* (Dona Jussara, 75 anos; grifos meus).

Ao pensar em motivos de afastamento, constatamos a presença do preconceito em qualquer um dos dois lados: tanto o idoso pode discriminar o jovem quanto o inverso – os preconceitos etários são mútuos. Rodrigo, garoto muito ativo e há alguns anos envolvido em atividades físicas intergeracionais, percebe essa reciprocidade:

---

5 Paulo de Salles Oliveira, *Vidas compartilhadas: cultura e coeducação de gerações na vida cotidiana*, São Paulo: Hucitec / Fapesp, 1999, pp. 272.
6 Myriam Lins de Barros, *Autoridade e afeto*, Rio de Janeiro: Jorge Zahar, 1987.

> *Eu acho que tem conflitos de gerações. O motivo é o jovem falar que aquela pessoa é velha e não presta para nada. É velha, mas pode saber mais que o jovem e pode saber fazer coisas que ele não sabe. Agora, tem também idosos que acham que o mais novo não sabe nada* (Rodrigo, 12 anos).

Atitudes negativas recíprocas também podem se dar entre outras gerações. Uma das crianças entrevistadas manifesta revolta com o tratamento que os adolescentes dão aos menores e relata uma situação diretamente vivida:

> *Eu brigo mais com os meus primos que têm mais de 15 anos. Tem adolescente que é tão legal que ainda não perdeu a criança que tem dentro dele. Agora tem uns que, meu Deus, parece que nunca foram crianças! A gente ia fazer uma gincana e tinham vários grupos e tinha um grupo que só tinha criança, aí eu ouvi a professora falar a um adolescente: "Você entra neste grupo aqui", aí ele: "Ah, mas ali só tem pivete!". Aí eu falei assim: "Mas você também já foi criança!". Lá na minha rua, os adolescentes não respeitam as crianças, eles são chatos. Eles acham que são os reis, que têm direito de sacanear todas as crianças. Eles dizem: "respeitem os mais velhos", só que eles ainda nem são adultos!* (Ricardo, 10 anos).

Esse comportamento dos adolescentes em relação a crianças parece ser uma conduta típica dos que querem alcançar imediatamente o estágio adulto para usufruir de "benefícios" como poder e prestígio. Encontrei conflito etário também entre crianças mais novas e mais velhas. Durante uma conversa – aliás, muito divertida –, ao se referir aos transtornos que passa com suas irmãs menores, uma garota reclama de uma espécie de "ditadura dos pequenos":

> *A minha irmã tem sorte de ainda ser pequena, aí sobra para mim e para o meu irmão. A gente deixa o quarto arrumadinho, mas a minha irmã chama as amigas para brincarem e elas bagunçam tudo! Ela tem 5 anos e se aproveita disso. Eu tenho uma outra irmã de 8 anos, aí minha mãe fala assim para ela: "Júlia, vai lavar a louça". Aí ela não está com dor de cabeça, não está com sono, não está com nada. Mas ela fala assim: "Ai, mãe, tô com dor de barriga!". Ela não lava a louça. Ontem mesmo, ela falou: "Ah, eu tô com sono". Ela deitou para fingir que estava com sono e dormiu de verdade!* (Marina, 11 anos).

Nesse caso, é uma criança pequena que, para revolta da irmã mais velha, inteligentemente se aproveita de sua pouca idade para manter privilégios de gente ainda bem miúda! Conclusão: dependendo das circunstâncias, traz vantagens parecer mais velho ou mais novo do que se é. Vemos, enfim, que entre as várias gerações há mútuos preconceitos e dificuldades de relacionamento. Na relação entre pais e filhos, a reciprocidade de tratamento depende de como se convive com as crianças desde cedo, e as consequências podem ser tremendas para a vida familiar.

Um contraponto positivo ao conflito entre crianças e adolescentes: assisti a um ensaio em uma oficina de teatro, cuja proposta inicialmente era envolver várias faixas etárias, inclusive idosos, mas não houve adesão da terceira idade, e a oficina se desenvolveu apenas com adolescentes e crianças. Lembro-me de haver camaradagem entre as gerações e até mesmo manifestações de carinho: em minha memória, gravei a cena de uma adolescente afagando os cabelos de uma garota de uns sete anos, enquanto observavam a atuação de outros colegas. Creio que tal aproximação vai depender de como ela é construída pela instituição e pelos seus educadores.

Se, por um lado, é necessário que as gerações reafirmem sua identidade etária através do pertencimento a associações específicas, sejam grupos de terceira idade, sejam de adolescentes, por outro, ao propiciar um enriquecimento intelectual e emocional às demais gerações envolvidas, as trocas de experiências intergeracionais são igualmente importantes.

NOVAS FORMAS DE ENVELHECER E NOVAS POSSIBILIDADES DE RELACIONAMENTO ENTRE GERAÇÕES

1. Os idosos hoje: numerosos, participativos e reivindicativos

Dos fenômenos relativos à velhice e ao envelhecimento humano, o que mais chama a atenção é o notável crescimento demográfico desse segmento etário. Por isso, boa parte das obras no campo do envelhecimento social principia, como esta, informando a respeito da explosão demográfica dos maiores de 60 anos – no Brasil e em praticamente todo o mundo –, analisando suas causas e suas consequências tanto para indivíduos quanto para coletividades. Embora o simples aumento numérico dos idosos não explique por si só as mudanças comportamentais observadas em décadas mais recentes, é claro que o maior número de velhos presentes nos lares e nos espaços públicos – o aumento de sua visibilidade social – tem provocado transformações consideráveis nos relacionamentos de modo geral e, em particular, naqueles com as demais gerações. Qual é a real dimensão desse impacto sobre a economia, a saúde, a educação e a cultura das nações emergentes, como o Brasil, para as próximas décadas?

O crescente número de velhos nas populações resulta de uma mescla de fatores, como o aumento da expectativa de vida ao nascer: esta tem crescido de modo notável em âmbito global. Segundo dados do *Relatório estatístico sobre a saúde no mundo*, da Organização Mundial da Saúde[1], a expectativa de vida dos brasileiros está entre as que mais cresce no mundo, com melhora sensível em seus indicadores de saúde entre 1990 e 2007, tendo saltado de 66

---

1 Dados divulgados pela agência EFE, "Expectativa de vida sobe e mortalidade infantil cai no Brasil" [Seção Vida e Saúde], *O Estado de S. Paulo*, São Paulo: 21 abr. 2009.

para 73 anos[2], com a mortalidade infantil de crianças menores de 5 anos, por mil nascidos, tendo caído de 58 para 22, havendo ainda outros fatores importantes a contribuir com o envelhecimento populacional, como a retração da natalidade, principalmente nas classes médias.

Outros fatores importantes são a melhoria do saneamento básico em muitas sociedades e a maior eficácia no combate tanto às doenças infecciosas quanto aos processos degenerativos típicos do envelhecimento. Para algumas comunidades, fenômenos migratórios localizados – como a chegada de idosos a determinadas cidades aprazíveis a velhos e aposentados, assim como a saída, em busca de estudo e trabalho, de jovens de certas cidades – podem determinar a prevalência numérica das gerações mais idosas na composição populacional.

Em países pobres ou emergentes, a situação dos idosos não tem sido diferente, mas, em contraste com a realidade dos países ricos, neles costuma haver a agravante falta de políticas públicas para enfrentar essa nova realidade demográfica. O Brasil, como outros países emergentes, está envelhecendo rapidamente. O já citado aumento da expectativa de vida do brasileiro impressiona. E, além disso, tem havido um progressivo declínio na taxa de fertilidade entre nós.

Somando-se a isso, as mulheres vivem mais que os homens. Ana Amélia Camarano[3], servindo-se de dados do censo demográfico do IBGE, mostra que, em 2000, ao nascer, a esperança de vida do homem brasileiro era de 67,52 anos e a das mulheres, de 75,89 anos[4]. Além de causas genéticas que podem determinar uma longevidade masculina menor, boa parte dos homens velhos não cuida adequadamente de sua saúde. As esposas que o digam, pois comumente são elas que levam seus maridos idosos a um consultório médico. E as enfermidades dos homens velhos são também psíquicas: muitos se apartam da vida social, desanimados com a perda de *status* trazida pela aposentadoria e preocupados com as mudanças fisiológicas que afetam a sexua-

---

2 Números divulgados pelo Instituto Brasileiro de Geografia e Estatística (IBGE) em 29 de janeiro de 2012, mostram que, em 2011, a esperança de vida (média) ao nascer no Brasil era de 74 anos e 29 dias – um aumento de 3 meses e 22 dias em relação a 2010, quando a expectativa de vida do brasileiro era de 73 anos e 277 dias.

3 Ana Amélia Camarano (Org.), *Os novos idosos brasileiros: muito além dos 60?*, Rio de Janeiro: Ipea, 2004, pp. 29-30.

4 Em novembro de 2012, o IBGE divulgou dados mais recentes, elevando a expectativa de vida do brasileiro: homens, 70,6 anos; mulheres, 77,7 anos.

lidade, decorrentes do envelhecimento – daí a maioria absoluta de mulheres em grupos de terceira idade. Esse fenômeno da nova ordem demográfica mundial tem sido rotulado como a *feminização da velhice*[5]. Tal particularidade de gênero traz consequências para estudos semelhantes a este: porque as mulheres idosas estão mais presentes nos centros culturais e faculdades abertas, suas oportunidades de participação em programas intergeracionais são maiores do que as dos homens idosos[6].

Em decorrência desse envelhecimento populacional, percebemos que o aumento da longevidade humana vem influenciando políticas públicas em praticamente todas as nações, pois o fenômeno está sendo notado em diversas áreas.

Na área da saúde, os leitos hospitalares, pela natural fragilização do ser humano com a idade, sempre foram ocupados principalmente por pessoas mais velhas. Nas últimas décadas, todavia, essa proporção tem aumentado consideravelmente e constata-se a gravidade da situação ao se tornarem os equívocos da política de saúde pública no Brasil, caracterizada pelo excesso de internações, fruto de um ineficiente trabalho de prevenção e, somado a isso, de um atendimento ambulatorial insatisfatório, além de um atendimento domiciliar ao idoso ainda incipiente: na ausência do poder público, há muitos idosos doentes atendidos, precariamente, em seus próprios lares, por familiares sem orientação adequada.

Já a situação da Previdência Social é bastante conhecida. O aumento crescente de aposentados aponta para um agravamento do *deficit* previdenciário. Ainda que impopulares, a elevação da idade mínima para aposentadoria e o aumento do tempo de contribuição para o sistema são medidas que vão ter de ser implementadas nos próximos anos. Os planos de previdência privada representam uma alternativa para poucos, pois custam caro e, por isso, deles participam apenas trabalhadores de poder aquisitivo mais alto.

---

5 Ana Amélia Camarano, "Envelhecimento da população brasileira: uma contribuição demográfica", em Elizabete Viana de Freitas *et al.*, *Tratado de geriatria e gerontologia*, 2. ed., Rio de Janeiro: Guanabara Koogan, 2006, p. 90; e também José Carlos Ferrigno; Maria L. C. de B. Leite & Albamaria Abigalil, "Centros e grupos de convivência de idosos: da conquista do direito ao lazer ao exercício da cidadania", em Elizabete Viana de Freitas *et al.*, *Tratado de geriatria e gerontologia, op. cit.*, p. 1437.
6 Assim, observamos e conversamos mais com idosas do que com idosos, fato que influencia a composição amostral de sujeitos, como explicado na descrição metodológica deste estudo; ver Capítulo 3.

Na área da habitação, o grande *deficit* habitacional no Brasil é responsável pela insuficiência de moradia também entre os idosos. O recente plano do Governo Federal, de construir cerca de um milhão de casas nos próximos anos, pode vir a beneficiar milhares de pessoas idosas; todavia, muitos idosos sem família não conseguem viver sozinhos ou, no caso de outros tantos, embora tenham família, a coabitação é inviável por diversas razões. Além de asilos ou casas de repouso, várias alternativas de habitação vêm sendo estudadas e até implantadas, como aquelas propostas apresentadas, e acompanhadas, em São Paulo, pelo Grupo de Articulação para Moradia do Idoso da Capital (Garmic), como relata sua presidente Olga Quiroga, em entrevista para *A terceira idade*[7].

No que se refere a transportes e serviços urbanos em geral, constatamos que os problemas referentes à acessibilidade urbana têm sido solucionados, nos últimos anos, por projetos urbanísticos e arquitetônicos de espaços públicos e domésticos que facilitam a locomoção e, assim, a integração social de idosos e deficiente físicos. Mas, sabemos que há muito por fazer. São comuns as reclamações de idosos em relação à dificuldade de subir ou descer dos ônibus e ao mau atendimento prestado pelos motoristas desses veículos. Para velhos debilitados, as calçadas e ruas representam perigosas armadilhas, condição que os obriga ao confinamento em seus lares.

Para fazer frente ao impacto da explosão demográfica da terceira idade no Brasil e no mundo, essas são algumas áreas do cotidiano dos idosos em que as políticas públicas devem se concentrar nas próximas décadas. Há urgência de políticas sociais para o atendimento às demandas de uma população idosa cada vez maior, principalmente em seus estratos de baixo poder aquisitivo. De alguma forma, a qualidade de vida dos velhos impacta as relações intergeracionais – esses idosos são avôs, avós, pais, mães, cônjuges –; portanto, as relações na família continuam mudando, entre outros fatores, pelo aumento da longevidade de seus membros e, claro, pelas condições de vida de seus velhos.

---

7 Olga Quiroga em entrevista para a revista *A terceira idade*, 2007.

2. Gerações em conflito e cooperação por recursos e direitos

Curiosamente, ainda que haja muito a ser feito na área de assistência a pessoas idosas – sobretudo às mais pobres e às enfermas –, a distribuição de benefícios governamentais no Brasil tem favorecido mais os velhos do que as crianças e adolescentes[1]. Ana Maria Goldani observa que, para alguns estudiosos, esse desequilíbrio na dotação de verbas públicas pode desaguar em conflito de gerações na disputa por recursos governamentais. A autora, no entanto, relativiza a força de tal conflito, pois, a seu ver, apesar do desequilíbrio na transferência de renda por faixa etária em nível macrossocial, na esfera da família há esquemas de solidariedade, com repasse de recursos ora dos filhos adultos a seus pais idosos, ora destes para filhos e netos, conforme as necessidades de uma ou outra geração.

Lembremos que, além da ajuda financeira e material existente entre as gerações no seio da família, há também a colaboração através da troca de serviços – pequenos, porém importantes – vitais para o funcionamento da vida familiar, como tarefas domésticas que idosos prestam aos jovens e vice-versa. Tal fenômeno se dá principalmente em famílias humildes, que não têm condição de pagar empregados domésticos. Nessas famílias, a ajuda das crianças é importante fator de formação de responsabilidade, além de im-

---

[1] Ver o que diz Ana Mari Goldani, "Relações intergeracionais e reconstrução do estado de bem-estar. Por que se deve repensar essa relação para o Brasil?", em Ana Amélia Camarano (Org.), *Os novos idosos brasileiros...*, op. cit., pp. 211-250.

prescindível para aliviar a carga de trabalho de pais e avós, como nos mostra Oliveira[2].

As políticas sociais de transferência de renda – como o Benefício de Prestação Continuada, que fornece um salário mínimo aos maiores de 65 anos, carentes, sem direito à aposentadoria – têm colocado um número cada vez maior de idosos na condição de provedores de milhões de famílias pobres. Por isso, parece temerário falar no surgimento de um conflito de gerações na disputa por recursos financeiros do Estado. Ao contrário, a concessão do referido benefício tem dado prestígio aos idosos que o recebem e, ao lembrarmos que vivemos uma época em que o emprego para jovens é difícil, concluímos como tem sido importante o aporte financeiro trazido por esses idosos. Outro dado interessante é que essa verba pública tem impulsionado significativamente a economia de pequenos municípios das regiões mais pobres do País.

Analisando outra realidade cultural, a das sociedades europeias, Claudine Attias-Donfut igualmente realizou estudos sobre relações intergeracionais, no âmbito familiar, tendo como foco a questão da distribuição de renda por meio de políticas sociais[3]. Concluiu que prevalecem esquemas de cooperação financeira entre as gerações, não havendo aí, portanto, sinais de conflito por razões de repartição de recursos públicos.

Já Frank Schirrmacher[4], no entanto, lembra a rivalidade – justamente por razões econômicas e de herança – entre pais e filhos, desde o mais remoto passado, citando casos em que os filhos são capazes de atos cruéis contra seus pais. De fato, conflitos dessa natureza ocorrem em muitas famílias, e sua transposição para a literatura, sob a forma de romances ou peças teatrais, apenas confirma sua existência no cotidiano, assim como seus terríveis efeitos sobre o clima emocional familiar. Todavia, parece não haver estudos estatísticos, das famílias brasileiras, que nos deem uma ideia da frequência com que tais conflitos ocorrem. Como contraponto, é sempre importante lembrar também a ocorrência dos maus-tratos infligidos

---

2 Paulo de Salles Oliveira, *Vidas compartilhadas: cultura e coeducação de gerações na vida cotidiana*, São Paulo: Hucitec / Fapesp, 1999 p. 291-292.
3 Sara Aber & Claudine Attias-Donfut, *The Myth of generational conflict: the family and state in ageing societies*, Nova York: Routledge, 2000, pp. 18-19.
4 Frank Schirrmacher, *A revolução dos idosos: o que muda no mundo com o aumento da população mais velha*, Rio de Janeiro: Campus / Elsevier, 2005, pp. 41-45.

pelos pais a seus filhos, fato comentado sob diferentes enfoques em outras partes deste trabalho.

Na contramão do entendimento da maioria dos idosos, uma das entrevistadas deu uma inusitada interpretação para o conflito de gerações em relação à distribuição de direitos sociais. Segundo ela, a concessão generalizada de tais direitos (que ela considera privilégios) aos idosos – como a preferência nas filas e nos assentos dos coletivos – cria situações de conflito. Em determinada ocasião, mesmo querendo pagar pelo transporte, ela não pôde entrar pela porta dianteira do ônibus, porque o veículo estava com todos os assentos ocupados, nem pela porta traseira, por ser idosa; e, por isso, desentendeu-se com o motorista. Disse essa senhora:

> *Esse negócio de ter preferência na fila do banco, no caixa, isso envelhece a pessoa; então, acho que aí é que está o preconceito: a sociedade faz o preconceito. Mesmo que a pessoa não queira ser velha, chegam para ela e dizem assim: "A senhora fica naquela fila...". Isso acaba envelhecendo a pessoa. Por exemplo: ter que entrar e sair pela porta da frente do ônibus. Por que eu não posso fazer como os outros? Inclusive, eu já denunciei uma empresa de ônibus e consegui alguma coisa. O motorista me disse: "Não tem lugar". Aí eu disse: "então, por favor, abra a porta traseira para eu entrar". Ele disse: "Não, não posso abrir"* (D. Sonia, 66 anos).

A propósito, Anita Liberalesso Neri[5] critica o Estatuto do Idoso, pois, ao ser reflexo, em sua opinião, da vigência de uma ideologia da velhice como um problema médico-social, ele exagera ao passar uma ideia de carência generalizada entre as pessoas idosas, não considerando a grande heterogeneidade de condição de vida nesse segmento etário. Assim fazendo, o Estado, segundo ela, contribui para o aumento do preconceito contra os velhos.

Outra senhora entrevistada nos fornece uma explicação incomum sobre a inconveniência da instituição de estatutos por faixa etária: primeiro, por considerar que já se tem a Constituição Federal; e segundo, porque leis desse tipo podem constituir um fator de estranhamento entre as gerações:

---

5 Anita Liberalesso Neri, "As políticas de atendimento aos direitos da pessoa idosa expressas no Estatuto do Idoso", *A terceira idade*, São Paulo Sesc: out. 2005, n° 34, p. 7.

> *Eu acho que não vai bem o relacionamento dos idosos com os jovens, em minha opinião, ainda mais depois que começou a surgir esse negócio de estatuto disso, estatuto daquilo, que começa a separar todo mundo. Não existe constituição, carta magna? Aquilo é que tem que ser válido. Então, eu acho que o relacionamento entre gerações tem que melhorar, não está bom. Já tem estatuto da criança e do adolescente, estatuto do idoso... Agora vão fazer estatuto não sei para quê... Eu acho que essas coisas separam muito os povos, eu acho que a lei deveria ser única, englobando todas as idades* (D. Maria, 68 anos).

A despeito de a maioria dos idosos considerar necessária uma legislação específica que os proteja, vários deles disseram, em inúmeras ocasiões, preferir que os velhos tivessem melhores aposentadorias para pagar suas despesas, como, por exemplo, a passagem do ônibus (como o fazem todos os outros cidadãos), em vez de ganhar a gratuidade no transporte e em outros serviços públicos e privados. Seja como for, resta a questão de saber até que ponto um tratamento supostamente desigual no plano das políticas públicas em favor dos idosos pode contribuir para o surgimento de relações conflituosas entre eles e as gerações mais jovens.

3. A nova imagem de velhice e seu efeito sobre os jovens

Somente nas últimas décadas, na passagem do século xx para o século xxi, a questão social dos velhos no Brasil ganhou evidência. Até os anos 1960, não constava na agenda política brasileira discutir as condições de idosos e aposentados. Por seu número relativamente reduzido e poucas possibilidades de participação, tal segmento não tinha visibilidade social: o Brasil ainda era visto como um país jovem.

Naquela época, as poucas ações sociais propostas para os velhos eram de caráter assistencialista, suprindo somente algumas carências básicas, para minorar o sofrimento decorrente da pobreza e da doença. Nessa perspectiva, as iniciativas para o setor pouco diferiam da filantropia e, em sua maior parte, efetuavam-se através de instituições asilares, mantidas pelo Estado ou por congregações religiosas, com a finalidade exclusiva de garantir a sobrevivência. Não havia, portanto, alternativas de convivência.

Nas décadas mais recentes, não foi somente o perfil demográfico do brasileiro que se alterou: a maior presença dos idosos nos espaços públicos não decorre apenas do aumento desse contingente etário, mas também de seu comportamento ter mudado. Movidos pelo desejo de viver mais intensamente, consoante os novos valores da contemporaneidade, eles se tornaram mais participantes, mais reivindicativos, mobilizaram-se na defesa de seus direitos e, como saldo, se organizaram em Conselhos municipais, estaduais e também no Conselho Nacional dos Direitos do Idoso. A conquista do Estatuto do Idoso, em 2003, representou a culminância dessa sequência de lutas. Sua mobilização e organização vem contribuindo para a conquista de direitos, e, como consequência, elevam-se as expectativas de possibilidades de realização na velhice.

Nas últimas décadas, multiplicaram-se instituições que propiciam a formação de grupos de idosos para atividades de lazer. Independente do estímulo dos novos espaços institucionais, muitos idosos têm buscado por conta própria um estilo de vida mais participativo, influenciados pelos apelos da mídia e pelas recomendações da ciência. Uma parcela cada vez maior da população idosa vive um processo de ressocialização, formando novas amizades e até fazendo parte de uma turma de amigos, como ocorre com adolescentes e demais gerações. Para muitos velhos, tal oportunidade equivale ao ingresso em uma nova família – no caso, livremente escolhida. Em instituições socioculturais é fácil perceber as diferentes turmas de terceira idade e seus interesses diversos: a turma do baile, do baralho, os grupos que se engajam em atividades como cursos, palestras, teatro, coral, esporte, turismo etc.

Até os anos 1980, a mídia dava pouca atenção ao assunto – apenas se começava a despertar para a problemática da velhice. Hoje, em contraste, são frequentes, na mídia impressa e na eletrônica, reportagens e longas matérias sobre questões do envelhecimento, principalmente em relação a medidas supostamente eficazes para a manutenção da saúde e da estética nesse período. O neologismo "terceira idade" – criado para evitar a conotação negativa existente em "velho" – designa uma nova e promissora etapa da vida.

Há algumas décadas, os estudos enfatizavam o isolamento a que eram submetidos os velhos (e ainda o são, embora tenha havido importantes mudanças nesse panorama). Mais recentemente, em suas pesquisas, profissionais da área social – psicólogos, sociólogos e assistentes sociais –, além dos chamados especialistas em velhice, como gerontólogos e geriatras, ressaltam um lado mais otimista e promissor do envelhecimento, enfatizando menos as carências e as perdas sociais e fisiológicas, e mais os ganhos possíveis, na perspectiva de otimizar as energias remanescentes, incentivando o envelhecimento saudável e ativo.

Todo um rol de políticas sociais vem sendo debatido e proposto perante essa nova realidade configurada pela articulação de novos discursos produzidos pelos especialistas, pela mídia e pelos próprios idosos, cobrando um posicionamento do Estado, não só para o estabelecimento de leis de proteção, mas também para a implementação *de fato* dessas políticas. Tal preocupação faz sentido se lembrarmos que, em nosso país, é comum as leis se tornarem "letra morta", isto é, sem efetividade.

É o que acontece, por exemplo, com o Estatuto do Idoso. Na opinião dos idosos participantes de um Encontro Nacional de Idosos, organizado em 2006 pelo Sesc SP, seu cumprimento deixa a desejar. Para eles, o Estatuto está bem elaborado, por prever uma proteção social ampla e bem distribuída por diversas áreas – saúde, educação, previdência, transporte, cultura e lazer –, mas se sentem muito insatisfeitos com o não cumprimento dessa lei. Em suas páginas iniciais, o documento que discutiram e construíram coletivamente naquela ocasião diz:

> Nossa proposta foi avaliar quanto dessa lei vigora efetivamente. Fomos procurar respostas nas comunidades, grupos e associações locais e examinamos inúmeras experiências em diversas partes do País. Estudamos e discutimos a nossa lei – procuramos as concordâncias com ela e as discordâncias dela na realidade: nas ruas, no seio da família, na comunidade e nos locais de atendimento. [...] Nossas observações e conclusões sobre quase dois anos de vigência do Estatuto indicam que o Poder Público ainda está muito longe de cumprir sua parte[1].

Guita Debert[2], no entanto, constata uma progressiva mudança na imagem da velhice, apesar das dificuldades para efetivar parte das conquistas legais e de prevalecer uma visão social ainda negativa sobre o envelhecimento. No entender da autora, as pesquisas da gerontologia têm passado de uma abordagem da velhice como "fonte de miséria" para uma outra que a declara como "fonte de recursos". Nessa perspectiva, os idosos são vistos como seres dotados de condições de desenvolver atividades prazerosas e promotoras de realização pessoal.

Uma das adolescentes entrevistadas revela suas impressões sobre o comportamento que observa nos idosos em suas atividades no Sesc. Admira esses velhos e, quando envelhecer, deseja se manter ativa como eles:

---

1 Sesc, *Carta aberta à nação: avaliação e perspectivas do Estatuto do Idoso*, São Paulo: Sesc SP, 2005, p. 6.
2 Guita Debert, "Representações do papel do idoso na sociedade atual", em *Anais do I Seminário Internacional sobre Envelhecimento Populacional: uma agenda para o final do século*, Brasília: Ministério da Previdência e Assistência Social, 1998.

Acho que eles aproveitam o tempo que resta na vida. Às vezes, eu vejo o pessoal dançando... aí eu penso: "Nossa, esse pessoal gosta de si". Eles dançam como se fossem adolescentes, mas do jeito deles. Aí eu fico imaginando... Quando eu tiver 60 anos estarei dançando funk? Se eu estiver em boa forma física, vou dançar com certeza. É uma coisa que a gente está presenciando agora e, no futuro, quando a gente estiver numa determinada idade, a gente vai poder aproveitar (Luciana, 16 anos).

Reflexo de uma nova imagem, o tratamento atualmente dado à velhice é explicado pela conjunção de vários fatores. Um deles é a universalização das aposentadorias e das pensões como direitos sociais, num momento em que o desemprego e o subemprego atingem principalmente as camadas mais jovens da população, fazendo com que cada vez mais idosos passem à condição de provedores de suas famílias, principalmente nas camadas mais pobres da população. O Benefício de Prestação Continuada, anteriormente mencionado, que faz do idoso pobre um provedor, representa um dos fatores de prestígio deste no seio familiar, como dissemos.

Outro fator notável a revolucionar a imagem dos velhos é a nova concepção autopreservacionista do corpo, que procura combater a decadência física e mental, promover a saúde e, até, obter o rejuvenescimento. O novo idoso de classe média é um consumidor disputado, tendo se tornado público-alvo de uma ampla, poderosa e complexa indústria multinacional de produtos e serviços, envolvendo medicamentos, dietas, tratamentos variados, terapias tradicionais e alternativas, equipamentos esportivos, vestuário descontraído, cirurgias corretivas e estéticas. Trata-se de um "grande pacote de promessas" para uma vida feliz, trazendo implícita a ideia de ser o indivíduo que envelhece o maior responsável por sua própria felicidade.

A esse fenômeno – que, muitas vezes, se traduz por uma atribuição excessiva de maior responsabilidade ao indivíduo idoso por suas próprias condições de vida –, Guita Debert[3] dá o nome de reprivatização da velhice, querendo expor um processo histórico em que, após um longo período durante o qual o Estado pouco ou nada fez pelos velhos, houve um progressivo estabelecimento de políticas públicas para fins de proteção social. Mais

---

3 Idem, *A reinvenção da velhice: socialização e processos de reprivatização do envelhecimento*, São Paulo: Edusp / Fapesp, 1999, pp. 14-16.

recentemente, porém, na economia globalizada, marcada pela desobrigação do Estado em relação a questões sociais, as fortes tendências neoliberais incentivaram movimentos pautados pela ideia de que como envelhecemos é resultado de uma opção individual e, que, portanto, envelhecer bem é questão da vontade de cada um.

Quando não envelhece bem – e envelhecer bem significa, sob certo olhar moderno, envelhecer com uma aparência jovem –, a pessoa idosa tende a ser culpabilizada e vista como negligente ou sem força de vontade. Trata-se de uma situação opressiva, semelhante à que se percebe em relação a pessoas obesas, por exemplo. A propósito, Denise Bernuzzi de Sant'Anna comenta os novos valores ligados aos cuidados com o corpo e à preocupação com a aparência, em tempos de globalização do consumo:

> Diante da megaindústria do rejuvenescimento corporal em expansão, a aparência envelhecida denuncia distúrbios de diversos tipos: pouco amor por si mesmo, pobreza de recursos e, em geral, prova de que o corpo não está sendo devidamente cuidado. Na publicidade atual, no lugar de representar a mulher idosa a partir de desenhos de rostos enrugados e circunspetos, tal como ocorria com assiduidade no passado, passou-se a abusar de fotografias de jovens portadoras de autoestima crescente e de saúde inabalável. Fica a impressão que as imagens do corpo migraram, sem escala, da austeridade moral para o seu extremo oposto. As diferenças entre as gerações cederam terreno à necessidade de confusão entre as idades e a uma espécie de aproximação máxima dos gostos e características físicas entre elas. Nas revistas dedicadas às celebridades, a presença das rugas virou raridade[4].

Na história da humanidade, as preocupações relativas aos cuidados com o corpo que envelhece não são novas, mas, é claro, situavam-se num contexto cultural bem diverso. Há registros muito antigos relativos a como se cuidar na velhice. Cícero, que viveu de 103 a.C. – 43 a.C., do alto de seus 84 anos de idade já recomendava, por exemplo, cuidados não só com o corpo, mas também com o espírito:

---

4 Denise Bernuzzi de Sant'Anna, "Entre o corpo e os incorporais", em Vv. AA., *Velhices: reflexões contemporâneas*. São Paulo: Sesc / PUC, 2006, p.III.

> É preciso resistir à velhice e combater seus inconvenientes à força de cuidados; é preciso lutar contra ela como se luta contra uma doença; conservar a saúde, praticar exercícios apropriados, comer e beber para recompor as forças sem arruiná-las. Mas não basta estar atento ao corpo, é preciso ainda mais se ocupar do espírito e da alma [...] para exercitar minha memória, aplico o método caro aos pitagóricos: toda noite, procuro lembrar-me de tudo o que fiz, disse e ouvi na jornada. Eis como mantenho meu espírito, eis a ginástica a que submeto minha inteligência[5].

Obviamente, em qualquer fase da vida, inclusive na velhice, é inegável a importância do autocuidado. Para tanto, é preciso incentivar programas preventivos de saúde que tragam esclarecimentos sobre a natureza do processo de envelhecimento e sobre formas mais eficazes de se evitarem as doenças degenerativas, típicas dessa faixa etária. Nos dias de hoje, porém, por suas implicações econômicas, a cultura do corpo está em outro patamar, muito mais complexo, no contexto de uma sociedade globalizada e regida pela lógica do consumo, fundada sob a égide do lucro e da competição. A alienação e o isolamento são marcas da contemporaneidade.

Raramente são percebidos os mecanismos de "manipulação de vontades e necessidades" para o consumo, ou seja, não apreendemos suas causas e consequências. Como nos ensinou Paulo Freire:

> A capacidade de nos amaciar que tem a ideologia nos faz às vezes mansamente aceitar que a globalização da economia é uma invenção dela mesma ou de um destino que não poderia se evitar, uma quase entidade metafísica e não um momento do desenvolvimento econômico submetido, como toda produção econômica capitalista, a uma certa orientação política ditada pelos interesses dos que detêm o poder[6].

Nesse sentido, é sempre bom recordar as reflexões de Hannah Arendt[7] sobre o mundo de hoje. Para ela, a sociedade de massa colabora para o em-

---

5 Marco Túlio Cícero, *Saber envelhecer e a amizade*, trad. Paulo Neves, Porto Alegre: L&PM, 1997, pp.31-32.
6 Paulo Freire, *Pedagogia da Autonomia: saberes necessários à prática educativa*, 2ª reimpressão da 43ª edição, São Paulo: Paz e Terra, 2011, pp. 123.
7 Hannah Arendt, *A condição humana*, 10ª ed., Rio de Janeiro: Forense Universitária, 2003, pp. 59-68.

pobrecimento do espaço público e para o desvanecimento da política, em favor do econômico, representado pelo consumismo e pela acumulação de riquezas. O político, segundo Arendt, deve prevalecer sobre o econômico; caso contrário, nosso mundo será um mundo burocratizado, um mundo vazio e sem alma. Na atual sociedade humana, diz, é como se tivesse desaparecido uma ponte, um laço, um vínculo que existia entre as pessoas. Observa, também, que há experiências humanas que florescem à sombra, isto é, no recôndito do espaço privado do indivíduo, enquanto há outras que se desenvolvem ao sol do espaço público. Provocado pela sociedade de massas, o rompimento dessas dimensões tende a criar nas pessoas a sensação – opressiva e angustiante – da invisibilidade extrema ou de exposição exacerbada. Esse quadro só pode de fato ser revertido pela ação política democrática, que combate, por um lado, a tirania e, por outro, o governo sem rosto da burocracia. Um encontro de gerações mais autêntico, produtivo, afetivo e solidário certamente depende dessa transformação das estruturas sociais, preconizada por Hannah Arendt.

Ainda que se tenha consciência das limitações da ação política no mundo atual, tão bem explicadas por Arendt, convém lembrar outro sintoma, marcante, de que os velhos têm se tornado socialmente mais importantes: o crescimento do peso eleitoral desse segmento etário, em decorrência não só de seu aumento demográfico, mas também do volume de sua participação política. Idoso vota e, nos processos eleitorais, é cada vez mais comum que candidatos dediquem maior atenção às reivindicações de seus eleitores "provectos", propondo-lhes plataformas específicas[8].

---

8   Como demonstração eloquente desse fenômeno, há até um partido dos aposentados. Sua legalidade e legitimidade é objeto de polêmica, pois, para alguns, particulariza e privilegia um grupo social, supostamente contrariando disposições constitucionais, por discriminar outras faixas etárias.

4. Os velhos ensinando e aprendendo com as novas gerações

Ao discutir sobre o "novo" idoso, outra área importante é a da educação – o direito de estudar faz parte de suas reivindicações. Por isso, no Sesc São Paulo, em fins dos anos 1970, surgiu um novo modelo de intervenção: as escolas abertas da terceira idade – conjunto de cursos voltados para a reflexão sobre temas da atualidade e questões relativas ao próprio envelhecimento. Pioneiro e incentivador da criação de oportunidades educacionais para pessoas idosas no Brasil, o assistente social Marcelo Antonio Salgado[1] considera que "o objetivo maior das escolas abertas é o de propiciar ao indivíduo a redescoberta de interesses que, uma vez assumidos, o reequilibrem socialmente e retardem as modificações negativas da velhice"[2].

Logo em seguida, no início dos anos 1980, várias universidades brasileiras criaram as chamadas faculdades e universidades abertas à terceira idade. Dentre as instituições de ensino voltadas a esse propósito, destaca-se a Universidade de São Paulo, que desenvolveu uma proposta bastante original em sua dinâmica de funcionamento, cuja natureza nos interessa de perto: um encontro de gerações – os idosos, na condição de alunos ouvintes, têm oportunidade de compartilhar aulas e conviver com alunos da graduação dessa universidade.

Essas ações educacionais, cada vez mais frequentes, buscam responder às necessidades de atualização de conhecimentos para que os mais velhos

---

1 Na época, responsável pela coordenação dos programas voltados à terceira idade do Sesc São Paulo.
2 Marcelo Antonio Salgado, "Escola Aberta para idosos: uma nova abordagem socioeducativa", *Cadernos da Terceira Idade*. São Paulo: abr. 1977, n° 1, p. 19-24.

possam acompanhar as rápidas transformações políticas, econômicas e culturais de uma sociedade ainda mais acelerada e complexa, em decorrência do desenvolvimento de novas linguagens e de novas tecnologias. Um dos idosos entrevistados assim se expressou sobre sua experiência de voltar a estudar:

> *Depois que me aposentei fiquei vários anos sem conseguir me ocupar. Nada me interessava. Então, descobri os cursos do Sesc e de outras faculdades para a terceira idade. Aprendi muita coisa e o mais importante é que fiz isso tudo com muita satisfação, porque a gente passa a se sentir mais importante, olha de igual para igual para os estudantes mais moços e ainda se atualiza, porque esse mundo de hoje é bem diferente do mundo da minha mocidade* (Sr. Osvaldo, 72 anos).

Quanto a isso, ao refletir sobre a importância da continuidade do processo educacional ao longo da vida, Georges Lapassade aborda o fenômeno que intitula de "inacabamento do sujeito"[3] e nos mostra que, diferente de outras espécies, o ser humano nasce física e psiquicamente prematuro, e, ao contrário do pensamento dominante, permanece inacabado para sempre ao longo da vida. Tal inacabamento é entendido, aqui, como uma condição existencial inexorável e imanente. Assim, Lapassade combate o mito da perfectibilidade humana, supostamente alcançada na vida adulta jovem e seguida de declínio. É nesse mito que reside uma das fontes de discriminação não somente em relação aos velhos, mas também às crianças – gerações colocadas em posição de inferioridade social. Paulo de Salles Oliveira[4] lembra que, como a seres destituídos do tempo presente, pergunta-se, para as crianças, o que serão e, para os velhos, o que foram.

Voltando a Lapassade, ele insiste em que o ser humano jamais estará pronto, mas vai manter-se em constante processo de construção, de aprendizagem, até seu último suspiro. E considera que essa condição humana – a incompletude do homem – torna-se mais evidente em nossos dias e, por isso, defende uma educação permanente. Em suas palavras: "O homem moderno aparece cada vez mais, em todos os planos da sua existência, como um ser inacabado. O inacabamento da formação tornou-se uma necessidade

---

3 Georges Lapassade, *A entrada na vida*, Lisboa: Edições 70, 1975, p.16.
4 Paulo de Salles Oliveira, *Vidas compartilhadas...*, op. cit., p. 31.

num mundo marcado pela transformação permanente das técnicas, o que implica uma educação permanente"[5].

Mas, assim como é certo que, até em seus últimos dias, os velhos podem ser aprendizes da vida, também é verdade que eles têm muito a ensinar, principalmente aos jovens. A respeito disso, Ecléa Bosi traz uma contribuição inestimável:

> Há dimensões da aculturação que, sem os velhos, a educação dos adultos não alcança plenamente: o reviver do que se perdeu, de histórias, tradições, o reviver dos que já partiram e participam então de nossas conversas e esperanças; enfim, o poder que os velhos têm de tornar presentes na família os que se ausentaram, pois deles ainda ficou alguma coisa em nosso hábito de sorrir, de andar. Não se deixam para trás essas coisas, como desnecessárias. Essa força, essa vontade de revivência, arranca do que passou seu caráter transitório, faz com que entre de modo constitutivo no presente. Para Hegel, é o passado concentrado no presente que cria a natureza humana por um processo de contínuo reavivamento e rejuvenescimento[6].

E continua, em outra passagem do mesmo trabalho, mostrando a preciosa função pedagógica dos velhos na recuperação do passado:

> Um mundo social que possui riqueza e uma diversidade que não conhecemos, pode chegar-nos pela memória dos velhos. Momentos desse mundo perdido podem ser compreendidos por quem não os viveu e até humanizar o presente. A conversa evocativa de um velho é sempre uma experiência profunda: repassada de nostalgia, revolta, resignação pelo desfiguramento das paisagens caras, pela desaparição de entes amados, é semelhante a uma obra de arte. Para quem sabe ouvi-la é desalienadora, pois contrasta a riqueza e a potencialidade do homem-criador de cultura com a mísera figura do consumidor atual[7].

Vem de Viktor Frankl, prisioneiro de um campo de concentração nazista, o relato que magistralmente nos ensina a dar sentido à vida, principalmente em condições de extremo sofrimento:

---

5 Georges Lapassade, *A entrada na vida, op. cit.*, p.16.
6 Ecléa Bosi, *Memória e sociedade: lembranças de velhos*. São Paulo: T. A. Queiroz, 1979, p. 32.
7 *Idem, ibidem*, pp. 40-41.

No passado, nada fica irremediavelmente perdido, mas, ao contrário, tudo é irreversivelmente estocado e entesourado. Sem dúvida, as pessoas tendem a ver somente os campos desnudos da transitoriedade, mas ignoram e esquecem os celeiros repletos do passado, em que mantêm guardada a colheita das suas vidas: as ações feitas, os amores amados e, não menos importantes, os sofrimentos enfrentados com coragem e dignidade. A partir disso se pode ver que *não há razão para ter pena de pessoas velhas*. Em vez disso, *as pessoas jovens deveriam invejá-las*. É verdade que os velhos já não têm oportunidades nem possibilidades no futuro. Mas eles têm mais do que isso. Em vez de possibilidades no futuro, eles têm realidades no passado – as potencialidades que efetivaram, os sentidos que realizaram, os valores que viveram – e nada nem ninguém podem remover jamais seu patrimônio do passado[8].

Em obra anterior[9], sistematizei algumas modalidades de conhecimento que os velhos – desde que tenham oportunidade para isso – oferecem aos jovens:

- histórias da família, do bairro, da cidade, do país, dando aos jovens a oportunidade de conhecer suas origens e apropriar-se da cultura de sua gente;
- valores éticos, como honestidade e solidariedade – fundantes do processo civilizatório –, ajudando a conservá-los perenemente, pois, sem eles, a barbárie se instala nas relações sociais;
- saberes práticos do cotidiano – no contato com a natureza, com as coisas e pessoas –, que tanto nos ensinam sobre a vida; e
- informações e modelos de como enfrentar a velhice, a doença e a morte, enfim, uma educação para o envelhecimento, transmitindo modelos de comportamento nessa fase da vida.

Jovens são particularmente sensíveis a exemplos de conduta (bons e maus...), mas, como sabemos, são refratários a conselhos que lhes soem como sermões enfadonhos e incoerentes. Em nossa experiência, recolhe-

---

8 Viktor Frankl, *Em busca de sentido: um psicólogo no campo de concentração*, 26. ed., Petrópolis / São Leopoldo: Vozes / Sinodal, 2008, pp 172; grifos meus.
9 José Carlos Ferrigno, *Coeducação entre gerações*, São Paulo: Edições Sesc SP, 2010, 2. ed., pp. 183-199.

mos vários depoimentos de jovens que, ao criticarem determinado idoso ou idosa, tomam consciência de como querem, ou não, ficar quando velhos. Outros, ao falar com admiração de idosos que conheceram, nos dão pistas de que os veem como tipos inspiradores de como se deve ser na velhice.

Nessa mesma investigação mostro que os jovens ensinam aos idosos:

- uma educação para novas tecnologias, como manejar computadores, celulares, navegar pela internet, entre outros; e
- maior flexibilidade no julgamento de comportamentos sociais, mais próximo dos novos valores morais, ou seja, uma educação para os novos tempos.

Por isso, em experiências de aproximação intergeracional, é possível falar de uma coeducação de gerações como uma das metas a serem perseguidas.

E o que mais os mais velhos podem esperar do convívio com jovens? Margareth Mead afirma ser numa sociedade como a nossa, de rápidas transformações, que podem se desenvolver as chamadas culturas pré-figurativas – aquelas em que as novas gerações ensinam às anteriores. Diz a antropóloga:

> Hoje em dia, o desenvolvimento de culturas pré-figurativas dependerá da existência de um diálogo contínuo no qual os jovens, livres para agir por sua própria iniciativa, possam conduzir os mais velhos no caminho do desconhecido. Então, a geração antiga terá acesso a um novo conhecimento experimental sem o qual nenhum plano digno de interesse pode ser elaborado. Não é senão com a participação direta dos jovens, que possuem este conhecimento, que poderemos atingir um futuro viável. É do seu novo saber – novo para o mundo e novo para nós – que deverão nascer as questões que serão colocadas àqueles cuja educação e experiência os colocam em posição de procurar as respostas. As crianças e os jovens devem fazer questões que jamais teriam chegado ao nosso espírito, mas é preciso que exista novamente confiança suficiente para que os mais velhos sejam autorizados a procurar, com os jovens, estas respostas[10].

---

10 Margareth Mead, *Cultura y compromiso. Estudio sobre la ruptura generacional,* trad. Eduardo Goligorsky, Buenos Aires: Grancia, 1971, p. 35-63.

O oposto do isolamento – ainda condição de muitos velhos – é a integração, e muito se fala da necessidade de integrar o idoso ao convívio social. A aproximação das jovens gerações é uma das formas de fazê-lo. Em nossos dias, é cada vez mais clara a importância do contato com a juventude, pela oportunidade, preciosa, de aquisição de novos conhecimentos da sociedade contemporânea e seus valores. Em suma, em decorrência da atual veiculação de uma imagem mais positiva de velhice, talvez estejamos vivendo um bom momento para tal contato.

Comentando as potencialidades da terceira idade que tendem a valorizar a velhice, Ecléa Bosi destaca a ampla compensação – seja da perda da vitalidade física, seja da memória imediata para detalhes do cotidiano – que provém do desenvolvimento da memória social, da sensibilidade e do discernimento voltados para as coisas essenciais da vida[11]. No relacionamento com os jovens, tais qualidades se mostram indispensáveis. Em um movimento dialético de retroalimentação, como num ciclo virtuoso, o estabelecimento dessa imagem mais positiva da velhice tem favorecido, em atividades de lazer, a aproximação de jovens e idosos; na medida em que tal interação mostra aos jovens que os mais velhos permanecem capazes, a imagem positiva se reafirma e se consolida.

Segundo Venturi e Bokany[12], a pesquisa nacional Idosos no Brasil concluiu que a imagem da velhice continua sendo mais negativa do que positiva e que ainda há muitos preconceitos contra os velhos. Mas, acrescentam, há uma clara percepção – por parte tanto dos jovens quanto dos próprios idosos – de que, sob vários aspectos, essa fase da vida traz benefícios, como a conquista da experiência, da sabedoria, do tempo livre, da independência econômica e dos novos direitos sociais (prioridade em fila, gratuidade em ônibus e descontos em eventos culturais). Os próprios idosos avaliam que hoje é melhor ser idoso do que o foi na época de sua juventude.

É importante frisar que a constatação dessa nova imagem de velhice é um fenômeno reservado a determinados estratos da população brasileira: as classes média e alta (no Brasil, no que se refere às condições de vida do

---

11 Ecléa Bosi Universidade *aberta à terceira idade*. Universidade de São Paulo: 2º semestre. São Paulo, 2003a. Catálogo.
12 Gustavo Venturi & Vilma Bokany, "A velhice no Brasil: contrastes entre o vivido e o imaginado", em Anita L. Neri (Org.), *Idosos no Brasil: vivências, desafios e expectativas na terceira idade*, São Paulo: Fundação Perseu Abramo / Sesc SP, 2007, p. 21-31.

povo, há muitos contrastes e injustiças). Assim, de modo amplo, deveríamos pensar em "velhices brasileiras". De um lado, velhos que preferem ser chamados de idosos ou da terceira idade (ou até "melhor idade" e outros eufemismos), que consomem as novidades do mercado e, com esmero e cuidado, cuidam do corpo e do espírito. Do outro lado, porém, convém não esquecer que há uma velhice sofrida, sombria, solitária, pobre e doente, que depende da atenção de familiares, da comunidade, dos poderes públicos, dos jovens, enfim, de todos nós.

5. A situação da juventude contemporânea

Sobre a juventude, as opiniões dos adultos em geral se dividem em "reclamações indignadas ou esperanças entusiasmadas"[1]. Até os anos 1960, segundo Helena Wendel Abramo, a visibilidade social da juventude ficava mais circunscrita ao universo dos jovens escolarizados de classe média e ao seu potencial de transformação das estruturas sociais. Nas últimas décadas, o foco da atenção voltou-se principalmente para crianças e adolescentes em situação de risco e para a discussão acerca dos direitos desses segmentos.

Mais recentemente, a vulnerabilidade dos jovens mais velhos, isto é, daqueles que já ultrapassaram o período da adolescência, também começou a merecer mais atenção. Claro está que os jovens mais pobres são os mais vulneráveis às diversas formas de violência. Aliás, em decorrência dos fortes contrastes socioeconômicos que caracterizam a população jovem de nosso país, seria também apropriado que falássemos em "juventudes brasileiras", como ponderamos em relação à velhice. Mesmo assim, a exemplo do que ocorre com os velhos, o estilo de vida dos jovens de classe média continua a ser uma espécie de modelo ideal de como se viver a juventude. Modelo que traz muita expectativa de realização escolar e profissional, mas que está muito distante da maioria dos jovens brasileiros, principalmente em uma conjuntura de desemprego, como em anos recentes.

[1] Ver Helena Wendel Abramo, "Condição juvenil no Brasil contemporâneo", em Helena W. Abramo & Pedro Paulo M. Branco, *Retratos da juventude brasileira: análise de uma pesquisa nacional*, São Paulo: Fundação Perseu Abramo / Instituto Cidadania, 2005, p. 37-72.

Já na década de 1970, Marialice Foracchi reconhecia que, na sociedade moderna, do ponto de vista dos jovens, a transição para a fase adulta é especialmente difícil, devido à complexidade da organização social, à variedade de alternativas de vida que a eles se oferecem, além das contradições inerentes à passagem da família de origem à família de procriação, às incertezas quanto ao destino pessoal[2]. A esse rol de obstáculos acrescentaríamos, nos anos recentes – repetindo para bem enfatizar –, a dificuldade de inserção no mercado de trabalho. Vale aqui lembrar que o prolongamento da dependência econômica pode resultar em adiamento da passagem à vida adulta. Pelas dificuldades financeiras daí decorrentes e pela frustração de expectativas – tanto parentais quanto do próprio jovem –, configuram-se potenciais conflitos entre pais e filhos.

No jovem em busca de sua identidade, desse quadro pode resultar grande angústia. O mesmo sistema que lhe fecha as portas do primeiro emprego pressiona o adolescente a tornar-se adulto e independente. Então, pelas ambiguidades e incertezas, pela falta de respostas institucionais, pela falta de preparo emocional e intelectual, pela ausência de ritos de passagem, ele questiona os valores da sociedade, tendendo a criar seu próprio *modus vivendi*, a *sua* visão de mundo, além de absorver atitudes e comportamentos de seu grupo de amigos e colegas.

Paul Singer, ao refletir sobre a juventude atual, lembra inicialmente que os jovens de hoje são filhos e netos de uma geração que testemunhou processos revolucionários e parte dela, nas décadas de 1960 e 1970, envolveu-se diretamente com essas lutas. Seguiu-se, porém, a desilusão com os regimes comunistas, a perda da esperança de conquista do socialismo democrático, por exemplo, no Chile, diante da violenta destituição de Salvador Allende. A onda neoliberal que assolou o Ocidente nos últimos anos fez com que as políticas de assistência social passassem das mãos do Estado para as Organizações não governamentais (ONGs) ou Terceiro Setor, com significativa paticipação de gente jovem nessas organizações e em muitas iniciativas de projetos sociais – a despeito dos comentários generalizados de que a atual juventude é pouco engajada politicamente. A presença maciça de jovens nos fóruns sociais mundiais parece ser uma mostra de seu envolvimento com

---

2 Marialice Foracchi, *A juventude na sociedade contemporânea*, São Paulo: Pioneira, 1972, pp.19-32.

essas causas³. Comentando os resultados do Projeto Juventude⁴, Paul Singer evidencia as preocupações dos jovens:

> A postura ideológica da juventude de hoje pode ser vislumbrada por resultados da pesquisa do Projeto Juventude. Perguntados a respeito dos valores mais importantes para uma sociedade ideal, os jovens escolheram por ordem de prioridade os seguintes: solidariedade (55%), respeito às diferenças (50%), igualdade de oportunidades (46%). Impressiona o destaque dado à solidariedade [...] O que os jovens entendem por uma sociedade solidária? Possivelmente uma sociedade que não discrimina os diferentes por raça, religião, orientação sexual etc.⁵

Esperamos que, entre as possibilidades enumeradas por Paul Singer, possa estar incluída nas expectativas de nossa juventude também a solidariedade entre as gerações. Em nossa experiência, ainda que circunscrita a um pequeno universo, é possível encontrar indícios auspiciosos de que os jovens, incluindo crianças e adolescentes que entrevistei, estão abertos a mudanças e interessados em compartilhar atividades de lazer com os adultos.

Ao comentarmos sobre o "novo idoso", ou seja, sobre as novas possibilidades de participação social das pessoas idosas, vimos como o lazer ocupa um lugar de destaque, sobretudo para as classes médias. Dado que também para os jovens o lazer é importante fator de socialização, ao falarmos da juventude brasileira é importante discutir como é o lazer de nossos jovens na atualidade e quais suas possibilidades de acesso.

No caso do idoso, como vimos, os grupos de convivência caracterizados pelas atividades de lazer são espaços de afirmação de uma identidade social e de formação de vínculos afetivos. Com o jovem ocorre o mesmo. Em seu tempo livre, afastado das obrigações dos estudos e do trabalho, por meio de suas relações com sua turma de amigos, o jovem constrói seus valores e seu estilo de comportamento. Distanciado do controle exercido pelos adultos, elabora sua subjetividade etária, pensando e agindo sobre a realidade, avaliando criticamente as normas do mundo adulto, descobrindo suas potencia-

---

3 Paul Singer, "A juventude como coorte: uma geração em tempos de crise social", em Helena W. Abramo & Pedro Paulo M. Branco (Orgs.). *Retratos da juventude brasileira...*, op. cit., pp. 27-35.
4 Idem, ibidem, pp. 32-33.
5 Idem, ibidem, pp. 27-35.

lidades, enfrentando o preconceito dos mais velhos que o veem como incapaz e irresponsável. Numa sociedade vacilante e contraditória em relação ao que quer e espera da juventude, é apoiada em um coletivo que essa geração consegue mais facilmente sua afirmação pessoal. Os momentos de lazer, portanto, são preciosos para o jovem desenvolver sua afetividade e sua cidadania.

Mas como é o lazer do jovem brasileiro? A pesquisa nacional Perfil da juventude brasileira, empreendida pela Fundação Perseu Abramo em 2003, entrevistou 3 501 indivíduos de 15 a 24 anos, tendo sido analisada – na parte em que trata dos hábitos culturais e de lazer do nosso jovem – por Ana Karina Brenner, Juarez Dayrell e Paulo Carrano. Eles informam que 88% dos entrevistados declararam nunca ter participado de qualquer programa de atividades culturais ou desportivas oferecido pelo poder público ou por ONGs. Entre os jovens do meio rural, o índice sobe para impressionantes 94%. A pesquisa dá conta de que, enquanto 23% dos jovens com renda familiar acima de dez salários mínimos tiveram acesso a tais programas, apenas 8% dos jovens com renda familiar de até dois salários mínimos estiveram envolvidos com eles. Também quanto à escolarização dos sujeitos, a discriminação se revela: entre jovens de escolaridade média ou superior, a participação em ações culturais é de 14% e de 3% dos que cursaram até o 5º ano do ensino fundamental[6]. Fica patente, portanto, a desigualdade de oportunidades entre nossas várias "juventudes".

---

6 Ana Karina Brenner; Juarez Dayrell & Paulo Carrano, "Culturas do lazer e do tempo livre dos jovens brasileiros", em Helena W. Abramo & Pedro Paulo M. Branco (Orgs.), *Retratos da juventude brasileira...*, op. cit., pp. 178-179.

6. O crescente interesse pelos programas intergeracionais

Ainda que o pouco convívio entre gerações prevaleça, é perceptível a mudança de ventos. Dos anos 1990 para cá, educadores – especialistas da área social e instituições de educação formal (universidades) e não formal (instituições culturais) – começaram a perceber, de modo cada vez mais consistente, a importância da aproximação das gerações, na perspectiva do desenvolvimento de relações solidárias, isto é, de relações menos distantes, conflituosas, competitivas. Então, em vários países, passaram a se multiplicar iniciativas institucionais. Como reflexo dessa nova preocupação, os países da comunidade europeia estabeleceram 1993 como o ano da solidariedade entre as gerações.

É justamente o ano de 1993 que Olivier Letang[1] coloca como ponto demarcatório para uma mudança de enfoque sobre as relações intergeracionais, ao analisar a produção francesa de trabalhos sobre o tema. Até esse momento, segundo o autor, tais relações eram vistas mais intensamente sob o ângulo do conflito e da competição, para então passarem a ser entendidas pelo viés da cooperação e da solidariedade. Letang considera que, após os trabalhos de Margaret Mead sobre "o fosso das gerações", vê-se nos comportamentos uma evolução que passa de uma oposição intergeracional intrafamiliar para uma busca de cooperação, de ajuda mútua, tanto no seio

---

1 Olivier Letang, "Vingt-cinq ans d'écrits sur les relations entre les générations", em Philippe Pitaud & Richard Vercauteren (Orgs.), *L'intergénéracion en Europe: recherche et dinamisation de la cohésion sociale*, Toulouse: Erès, 1995, p. 151-153.

familiar quanto na sociedade. Há, completa Letang, menos conflito e mais uma busca de acordo, uma aliança, mesmo que, por vezes, velhos e moços não se entendam em razão de diferenças importantes, notadamente de valores e estilos de vida.

O reconhecimento da importância do convívio intergeracional como possibilidade de inclusão do idoso na comunidade reflete-se em resoluções nacionais e internacionais promovidas por governos e por entidades não governamentais. No Brasil, a chamada Política Nacional do Idoso estabeleceu direitos a este, buscando garantir, por meio de ações intergeracionais, sua inclusão na vida social. Em seu artigo 3°, inciso IV, o Estatuto do Idoso expressa, como objetivo, o incentivo à efetivação de programas intergeracionais e fala em "viabilização de formas alternativas de participação, ocupação e convívio do idoso, que proporcionem sua integração às demais gerações"[2].

No plano internacional, no que toca ao incentivo à promoção de projetos intergeracionais, é importante mencionar as recomendações contidas no Plano de Ação Internacional de Madri sobre o Envelhecimento. O documento explicita o reconhecimento da contribuição social, cultural, econômica e política das pessoas idosas e defende, ainda, a ideia de se "proporcionar o acesso de idosos a grupos comunitários intergeracionais"[3]. Declara, também, que "a solidariedade entre as gerações em todos os níveis é fundamental para a conquista de uma sociedade para todas as idades"[4].

Para incentivar ações no campo da intergeracionalidade, Cristina Rodrigues Lima menciona uma decisiva e histórica iniciativa da Unesco[5]. Produzido por essa organização internacional, publicou-se um documento reunindo informações sobre programas intergeracionais de diversos países, em áreas como movimentos pela paz, trabalho voluntário e atividades de lazer. Além da compilação de realizações no setor, a Unesco fomentou debates entre especialistas e colaborou, ainda, na produção de conceitos, diretrizes e objetivos para o trabalho intergeracional.

---

2 Brasil, *Estatuto do idoso: Lei Federal n° 10.741, de 1° de outubro de 2003*, Brasília: Secretaria Especial dos Direitos Humanos, 2004, p. 6.
3 ONU, *Plano de ação internacional para o envelhecimento, Madri 2002*, Brasília: Secretaria dos Direitos Humanos, 2003, p. 35.
4 *Idem, ibidem*, p. 43.
5 Cristina Rodrigues Lima, *Programas intergeracionais: um estudo sobre as atividades que aproximam as diversas gerações*, Campinas: Alínea, 2008.

Na Espanha, para marcar o ano de 1993 – ano da solidariedade entre as gerações –, o Governo promoveu um amplo concurso para premiar os melhores projetos sociais no campo das relações intergeracionais[6]. Resumos das centenas de projetos intergeracionais inscritos nesse concurso – em sua maioria (61%), na área de educação, cultura e lazer – podem ser visualizados em publicação da Fundação La Caixa, de Barcelona[7].

No Brasil, também em 1993, o Departamento Nacional do Serviço Social do Comércio – Sesc lançou o projeto "Era uma vez... atividades intergeracionais", com o objetivo de aproximar idosos e crianças através da contação de histórias da literatura infantojuvenil. Em 2003, o Sesc São Paulo lançou o programa Sesc Gerações, objetivando a coeducação e a solidariedade intergeracional.

No mesmo ano, outra importante demonstração do interesse crescente pelo tema da intergeracionalidade foi a criação do *Journal of Intergenerational Relationships: Programs, Policy and Research,* periódico científico pioneiro na área e em sua abrangência internacional.

Nos Estados Unidos, Sally Newman[8], ao relatar a história e a evolução dos programas intergeracionais naquele país, informa que a primeira iniciativa da qual se tem registro ocorreu bem antes, em 1963, promovida pela Universidade da Flórida: consistia em visitas de crianças pequenas a uma instituição que abrigava idosos.

Convém destacar o pioneirismo ianque em ações intergeracionais a partir dos anos 1970, ressaltando que, promovidas por instituições públicas e privadas daquele país, tais iniciativas ocorrem principalmente em programas de trabalho voluntário, tipo de ação, aliás, amplamente difundida nos Estados Unidos da América. Supervisionados por escolas de ensino médio, adolescentes prestam serviços, em instituições de longa permanência, a idosos dependentes. Reciprocamente, ocorrem experiências em que idosos saudáveis e com boas condições de vida mantêm ações de cooperação voltadas a crianças carentes institucionalizadas.

---

6 Ricardo Moragas, "Les relations intergénérationnelles en Espagne", em Philippe Pitaud & Richard Vercauteren (Orgs.), *L'intergénéracion en Europe...*, *op. cit.*, 1995, pp. 88-89.

7 Fundación La Caixa, *Convocatòria d'iniciatives intergeneracionals: catálog de projectes,* Barcelona: La Caixa, 1994.

8 Sally Newman et al., *Intergenerational programs: past, present and future,* Washington: Taylor & Francis, 1997, p. 63.

Parece que o trabalho voluntário, assim como as atividades de lazer aqui mostradas, podem ser também uma ferramenta estratégica de aproximação de gerações. O próprio ideário que anima esse tipo de ação já constitui, por si só, poderosa alavanca para despertar sentimentos solidários entre os atores envolvidos nesses processos. De fato, há uma profusão de instituições americanas preocupadas em minimizar o distanciamento intergeracional. No contexto do trabalho voluntário voltado à criança e ao idoso, além das universidades, inúmeras entidades governamentais e privadas dedicadas à assistência da criança ou do idoso têm promovido encontros de gerações e, também, incentivado o desenvolvimento mútuo através da coeducação. Lúcia Helena França e Neusa Eiras Soares[9] descrevem várias dessas iniciativas norte-americanas e francesas: ações públicas e privadas, envolvendo escolas primárias, universidades e organizações não governamentais na promoção de interações intergeracionais.

Pesquisas e ações no campo da intergeracionalidade têm sido empreendidas em diferentes áreas das ciências humanas, mas, sobretudo, por profissionais que trabalham com pessoas idosas. A necessidade de integração social dos velhos, incluindo-se aí a integração etária, constitui forte motivação.

Por outro lado, profissionais que lidam com crianças e adolescentes se deparam com desafios ainda maiores. É o caso principalmente de quem lida com crianças maltratadas e adolescentes marginalizados. Esses profissionais possivelmente não tenham muitas oportunidades de pensar e menos ainda de desencadear ações no campo da intergeracionalidade, já que se veem diante de situações emergenciais. Em minha experiência pessoal, como disse na introdução deste trabalho, a exemplo de outros profissionais que atuam com idosos, meu interesse pelas relações intergeracionais partiu exatamente da percepção da necessidade de integração dos velhos e dos benefícios que essa aproximação concede.

Ações assim possivelmente estejam sendo facilitadas por uma certa abertura dos idosos às gerações mais jovens – embora haja, como vimos, resistências a serem vencidas. Reportando-nos às novas experiências que uma parcela dos idosos têm vivido em instituições culturais e acadêmicas desde

---

9 Lúcia Helena França & Neusa Eiras Soares, "A importância das relações intergeracionais na quebra de preconceitos sobre a velhice", em Renato Veras (Org.), *Terceira idade: desafios para o terceiro milênio*, Rio de Janeiro: Relume-Dumará, 1997, pp. 163-167.

os anos 1960, quando tais oportunidades começaram a ser criadas no Brasil, podemos pensar em alguns passos que foram importantes para a abertura às gerações mais jovens: os grupos de convivência quebraram o isolamento de muitos velhos; as faculdades e as universidades abertas à terceira idade forneceram às pessoas idosas uma preciosa oportunidade de aquisição de conhecimentos e de atualização cultural. É possível perceber que, no incentivo ao trabalho voluntário do idoso e ao engajamento social, as iniciativas de várias instituições ensejaram também o desenvolvimento de sentimentos solidários, de doação ao outro e à coletividade. Ao longo das décadas recentes, esse conjunto de ações parece ter preparado os velhos para o encontro com os jovens.

7. O Sesc Gerações e a pesquisa sobre conflitos intergeracionais

Entre os anos 2000 e 2003, realizei uma pesquisa[1] cujo foco inicial foi um estudo sobre o relacionamento entre os educadores das Escolas Abertas do Sesc e seus alunos da terceira idade, com o intuito de melhorar a qualidade do atendimento ao idoso por meio de programas de treinamento de pessoal. Sabemos que tal qualidade depende desses profissionais, ao oferecerem um ambiente acolhedor e produtivo, além de um conjunto atraente de atividades. No decorrer das entrevistas e das observações, tornou-se evidente que estávamos diante de interações de duas gerações bem distintas – já que a ampla maioria de profissionais que atendem idosos (nas áreas social e da saúde) é formada por pessoas mais jovens que seus clientes. As primeiras análises dos depoimentos recolhidos mostrou uma rica troca de experiências próprias de cada geração, permeadas por um clima acolhedor e muita solidariedade.

A pesquisa, então, teve seu foco ajustado para as interações intergeracionais do público frequentador do Sesc, formado por crianças, adolescentes, jovens adultos e idosos participantes da programação da entidade. Tem sido notável a riqueza de experiências permutadas durante o exercício conjunto do lazer. Foi possível constatar a possibilidade de se estabelecerem processos expressivos de coeducação entre gerações. Embora prevaleça na sociedade certo distanciamento intelectual e afetivo entre as gerações, existe um rico potencial de trocas afetivas e de conhecimento, desde que se efetivem

---

[1] José Carlos Ferrigno, *Coeducação entre gerações*, 2. ed, São Paulo: Edições Sesc SP, 2010.

determinadas condições facilitadoras. Dentre tais condições, uma das mais básicas e importantes é a presença de interesses comuns, que valem, evidentemente, para a boa qualidade das relações interpessoais de modo geral. O contrário – ou seja, o conflito de interesses – dificulta a aproximação. Os laços de amizade entre pessoas jovens e pessoas mais velhas permitem uma relação coeducativa, mas é preciso que haja um clima solidário, de confiança mútua, isto é, a competição deve ceder lugar à cooperação.

Como bem aponta Claudine Attias-Donfut[2], o lazer pode contribuir para a emergência de uma força social capaz de aproximar as idades, de desenvolver novas formas de troca entre as gerações e, inclusive, enriquecê-las. Do ponto de vista psicológico e cultural, os efeitos benéficos que tais atividades podem promover junto às diversas gerações têm sido constatados e confirmados em inúmeras pesquisas.

Como decorrência das potencialidades percebidas nas interações em atividades de lazer, o Sesc resolveu implantar um programa intergeracional. Esse programa foi lançado oficialmente em 2003, em São Paulo, no Congresso Internacional "Coeducação de gerações", o primeiro no gênero realizado no Brasil. Além das conferências e painéis sobre o tema, houve relatos de trinta experiências intergeracionais levadas a cabo por diversas instituições brasileiras públicas e privadas, experiências selecionadas de um universo de cinquenta propostas de apresentação. O volume de iniciativas surpreendeu os organizadores do evento, revelando o crescente interesse pelo assunto, ainda que tais ações não recebam muita divulgação nem mesmo entre profissionais de áreas afins, muito menos nos grandes meios de comunicação. De passagem, igualmente é bom lembrar o desinteresse de entidades públicas e particulares em fornecer recursos a tais iniciativas.

As experiências desse novo programa institucional têm sido promissoras, mas há dificuldades. Sob a forma de diferentes conflitos de interesses e visões equivocadas, dirigidas de uma geração às demais, persistem obstáculos à integração entre as idades. Por vezes ocorrem recusas, desistências e pouco interesse de participação em atividades intergeracionais, fato que pode revelar diferentes imagens e expectativas de uma geração em relação à outra.

---

2 Claudine Attias-Donfut, "Loisir et formation des générations", *Gerontologie et société*, Paris: 1980, n° 15, pp. 9-28.

Para enfrentarmos tais dificuldades, devemos aprender a lidar não só com o distanciamento imposto pelos valores sociais, mas também com o que esses valores escondem ou camuflam. Sob o véu que caracteriza discursos que só pretendem produzir boa imagem, são escamoteados conflitos, impedindo sua superação. O conflito de gerações, aberto ou velado, pode, de alguma forma, estar presente. O fato animador, apesar das persistentes resistências, é que no programa Sesc Gerações têm havido resultados favoráveis, de modo que, após um tempo de convívio durante um curso ou uma oficina cultural, surgem laços de amizade entre os participantes.

Por isso, e para tentar extrair do referido programa toda a sua potencialidade, nos pareceu um instigante desafio pesquisar, de um ponto de vista mais amplo, como e por que, na sociedade contemporânea, ocorrem os conflitos entre as gerações e, de modo mais focado, como isso se manifesta nos grupos multietários aqui estudados, nucleados por uma instituição cultural. Com base, então, na análise dos dados teóricos e empíricos recolhidos, nossa intenção foi a de propor estratégias de abordagem para tornar mais produtivas tais relações, buscando o florescimento de uma cultura solidária.

Os programas de atividades culturais, aqui estudados, compõem um tipo de ação institucional voltada para o combate ao isolamento de muitos idosos ainda não beneficiados pelos novos valores relativos ao envelhecimento. De fato, tais programas se mostram benéficos ao facilitarem a formação de vínculos afetivos com pessoas, objetos, atividades e ideias. Sabemos, é claro, que a emancipação dos idosos – assim como o encaminhamento dos problemas socioeconômicos que se abatem sobre a infância e a juventude brasileira – não dependem apenas de boas políticas de lazer. Há que se pensar em uma ampla melhoria de suas condições de vida, fato que, no limite, nos remete ao questionamento dos valores que hoje norteiam nossa organização social.

Ao atender em espaços comuns um público diversificado, entidades culturais acabam constituindo locais propícios ao encontro de gerações. Levando em conta o fenômeno moderno da segregação etária – e também o número crescente de interações, sejam espontâneas, sejam induzidas pelas equipes técnicas, que vem ocorrendo no cotidiano da programação –, o Sesc resolveu criar um programa socioeducativo que visa estabelecer uma sistemática de atividades intergeracionais, potencializando as interações já existentes entre faixas etárias e fomentando a coeducação das gerações que frequentam a instituição.

A viabilidade de um programa desse tipo é atestada pela pertinência das atividades de lazer para a aproximação das gerações, sendo tais possibilidades de atividades muito amplas, exatamente por tenderem a serem oferecidas exclusivamente a essa ou àquela faixa etária e fazerem parte da programação cultural permanente, como música, teatro, artes plásticas, literatura, turismo, esportes, educação ambiental etc. Mas o caminho não é simples; há uma série de desafios, inclusive conflitos, e é preciso enfrentá-los e superá-los.

O CONFLITO DE GERAÇÕES

1. Uma breve reflexão sobre a ideia de conflito

Antes de tratarmos mais especificamente do fenômeno do conflito de gerações, parece razoável refletir sobre a própria noção de conflito nas relações humanas de modo geral. A psicanálise e a psicologia clínica lidam principalmente com o conflito intrapsíquico, aquele que envolve apenas o indivíduo em suas relações consigo próprio, no âmbito de suas fantasias e desejos conscientes e inconscientes. A sociologia e, mais particularmente, o marxismo tratam dos conflitos sociais amplos, como o de classe social ou entre povos e nações. Mais frequentemente, a psicologia social e a antropologia se voltam para conflitos que ocorrem nas relações interpessoais em contextos do cotidiano de pequenos grupos. Esses últimos aqui nos interessam mais de perto: nosso foco se volta para os conflitos interpessoais na ambiência de pequenos grupos, como as famílias, e para aqueles nucleados para o exercício de atividades de lazer.

Conflitos, sejam intrapessoais, sejam interpessoais, estão de alguma forma relacionados. Isso se dá ou pela interiorização do conflito externo ou pela exteriorização do interno. Considerando de uma perspectiva psicanalítica o conflito interno ao sujeito, Laplanche e Pontalis explicam que:

> Em psicanálise fala-se em conflito quando, no indivíduo, se opõem exigências internas contrárias. O conflito pode ser manifesto (por exemplo, entre um desejo e uma exigência moral ou entre dois sentimentos contraditórios) ou latente, podendo este se exprimir de modo deformado no conflito manifesto e traduzir-se designadamente pela formação de sintomas, desordens do comportamento,

perturbações do caráter etc. A psicanálise considera o conflito como constitutivo do ser humano, e isto em diversas perspectivas: conflito entre o desejo e a defesa, conflito entre os diferentes sistemas ou instâncias, conflitos entre as pulsões, e por fim o conflito edipiano, onde não apenas se defrontam desejos contrários, mas onde estes enfrentam a interdição[1].

Dessa visão se depreende que conflitos, contradições, antagonismos fazem parte de nosso cotidiano, fazem parte da cultura e da natureza humana. Essa é a posição de Anne-Marie Rocheblave-Spenlé, ao encarar o conflito como condição inerente ao ser humano. Refletindo sobre a função do conflito, considera-o algo necessário ao desenvolvimento humano, embora pontue que tanto sua falta quanto seu excesso não são desejáveis. Sua presença, embora inevitável, pode ser a mola propulsora indispensável para gerar mudanças. Para isso, o conflito não deve ser negado, mas, sim, elaborado, compreendido, enfrentado e superado[2].

Apoiando essa visão, Xesús Jares alerta para os problemas decorrentes da ideia fortemente arraigada de ser o conflito algo negativo e, portanto, algo a ser evitado. Ao empreender um levantamento em diversos dicionários espanhóis sobre os sentidos dados ao termo conflito, constatou ser frequente ele estar associado à violência, à guerra e à desordem, concluindo que a concepção vigente de conflito se coloca como uma antítese do bom funcionamento da ordem social[3].

Numa pesquisa semelhante em alguns de nossos dicionários, verificamos a prevalência de conotações negativas. O conceito dicionarizado para conflito é "sinônimo de embate dos que lutam; discussão acompanhada de injúrias e ameaças; desavença; guerra; luta, combate, colisão, choque"[4]. Para o *Houaiss*, conflito está associado à ideia de "profunda falta de entendimento entre duas ou mais partes; choque, enfrentamento; discussão acalorada; altercação"[5]. Já o *Michaelis* apresenta significados como "embate de pessoas

---

1 Jean Laplanche & Jean-Bertrand Pontalis, *Vocabulário da psicanálise*, São Paulo: Martins Fontes, 1983, p. 131.
2 Anne-Marie Rocheblave-Spenlé, *Psicologia do conflito*, trad. Olympia Salete Rodrigues, São Paulo: Duas Cidades, 1974, pp. 151-153.
3 Xesús Jares, *Educação e conflito: guia de educação para convivência*, Porto: Asa, 2002, pp. 7-13.
4 Aurélio Buarque de Holanda Ferreira, *Novo dicionário da língua portuguesa*, 2. ed., Rio de Janeiro: Nova Fronteira, 1986.
5 Antonio Houaiss, *Dicionário Houaiss da língua portuguesa*, Rio de Janeiro: Objetiva, 2001.

que lutam; altercação; barulho, desordem, tumulto, luta, oposição; competição consciente entre indivíduos ou grupos que visam à sujeição ou destruição do rival"[6], para a expressão conflito.

Jares, no entanto, contraria a semântica atribuída pelos dicionários, porque entende o conflito como necessário e potencialmente positivo para pessoas e grupos sociais[7]. Reconhecendo seu caráter pedagógico e transformador, ele deve ser trabalhado e encaminhado para uma resolução criativa, justa e pacífica, por meio de uma educação voltada para a paz. No entanto, para tal sucesso, é preciso que as partes envolvidas estejam sinceramente dispostas a ceder ou a renunciar a uma parcela de suas reivindicações, não somente para tirar alguma vantagem de uma negociação bem-sucedida, mas também pelo desejo de beneficiar o outro, além de si mesmo. Generosidade e desprendimento são características importantes para um bom termo desse processo.

Uma das educadoras entrevistadas vê a questão do conflito – em geral e também entre os adolescentes com os quais trabalha – como oportunidade de reflexão e, para resolvê-lo, reafirma sua crença no poder do diálogo, da conversa:

> *Eu acho que o conflito representa um momento muito interessante das relações. Eu vou lhe dizer do trabalho com adolescentes, no caso que é onde eu tenho maior experiência. Existem muitos conflitos a partir de algum start que a gente dá; de alguma atividade, surge o conflito. É a partir do conflito que você faz ali a discussão, faz a roda de conversa... Então, eu acho um momento importante, na verdade é o momento em que você para e diz: "Opa! Existe alguma diferença; então, vamos refletir sobre isso"* (Vera, 38 anos).

A negação do conflito e o consenso nas relações sociais são ideias problemáticas quando servem para encobrir a realidade e camuflar uma proposta autoritária. Mas, dependendo das circunstâncias, o consenso pode ser enriquecedor, quando a flexibilidade de cada um dos envolvidos na disputa cede para o bem coletivo, criando condições para o florescimento de uma

---

6 Rosana Trevisan (Coord.), *Moderno dicionário Michaelis da língua portuguesa*, São Paulo: Melhoramentos, 2007.
7 Xesús Jares, *Educação e conflito...,op. cit.,* pp. 7-13.

cultura solidária. Claro que a busca de acordo e o estabelecimento de interesses comuns têm inegável importância, mas é preciso, no processo de negociação, que as diferenças não sejam escamoteadas e, sim, explicitadas, para poderem ser compreendidas, trabalhadas e finalmente aceitas. É preciso que os conflitos não sejam negados, é preciso que adquiram visibilidade, que se busque superá-los através do diálogo. Para Maria, participante de atividades intergeracionais, o conflito – que, infelizmente, pode também ser violento – é passível de superação pelo diálogo:

> *O conflito não é só diferença de opinião, porque, às vezes, as pessoas nem estão formadas ainda em suas opiniões. É briga mesmo, é gente que não aprendeu a se entender. Não aprendeu o diálogo, não aprendeu o respeito. Agora, para se entender é preciso paciência de ouvir o outro, esperar ele acabar de falar. Ah, e também saber falar com jeito* (Maria, 68 anos).

Essa mesma senhora, ao mesmo tempo que desconfia do termo "tolerância", define o que seria o oposto à ideia de conflito, destacando a importância do convívio e da aceitação das diferenças: *"as pessoas falam: 'Ah, eu tolero'. Mas não é só para tolerar, é para aceitar! A tolerância não elimina o conflito. As pessoas devem aceitar com sinceridade as diferenças. Cada um é de um jeito"*. A propósito, Mauro Maldonato expõe a ambiguidade que o termo tolerância carrega:

> Tolerância é uma palavra densa e estratificada, que surge para traçar uma fronteira para a barbárie, a guerra, o ultraje, o escárnio. Desde sempre oposta ao fanatismo, ao ódio sistemático, à militarização das ideias e das consciências, favoreceu a evolução do espírito e as relações humanas pacíficas. Apesar disso, com excessiva frequência a tolerância foi identificada com os significados de suportar, de concessão, compreensão, indulgência, moderação, conciliação. O termo tolerância nunca alcançou (talvez não pudesse) o sentido de pleno reconhecimento da alteridade e da diversidade. Limitou-se a expressar uma genérica "coexistência pacífica" que não contempla a titularidade dos direitos, a origem dos poderes, a reciprocidade das obrigações, ficando, antes, muito aquém disso[8].

---

8 Mauro Maldonato, *Raízes errantes,* São Paulo: Edições Sesc SP / Editora 34, 2004, p. 53.

A tolerância, por vezes, encobre o paternalismo, o autoritarismo e impossibilita o exercício da alteridade e até do próprio conflito. Já Ecléa Bosi comenta o que entende por uma "tolerância sem o calor da sinceridade", algo como uma marca comum da relação com os velhos:

> Não se discute com o velho, não se confrontam opiniões com as dele, negando-lhe a oportunidade de desenvolver o que só se permite aos amigos: a alteridade, a contradição, o afrontamento e mesmo o conflito. Quantas relações humanas são pobres e banais porque deixamos que o outro se expresse de modo repetitivo e porque nos desviamos das áreas de atrito, dos pontos vitais, de tudo o que em nosso confronto pudesse causar o crescimento e a dor! Se a tolerância com os velhos é entendida assim, como uma abdicação do diálogo, melhor seria dar-lhe o nome de banimento ou discriminação[9].

Ao refletirmos sobre a intolerância à diferença e ao diferente, somos levados a pensar sobre quanto em nosso cotidiano somos tolerantes com a desigualdade, por exemplo, em relação a tantas injustiças e mazelas que atingem homens e mulheres, crianças e velhos. Por outro lado, quanto somos intolerantes com diferenças de ideologia, crença, etnia, orientação sexual, gênero, geração, para não falar de quesitos mais banais que podem nos incomodar, como vestuários, penteados e determinados estilos de vida. Não nos damos conta de que, ao desvalorizarmos a diversidade, esterilizamos a vida.

Por tudo isso, parece-nos que a superação do distanciamento afetivo entre gerações – que, exacerbado, pode chegar a um alto grau de conflito – depende de uma atitude que vá além da tolerância. Não basta suportar o outro que é de mim diferente, é preciso transcender esse sentimento e apreciar a companhia do outro, como se faz em relação a um amigo. Por isso, mais adiante propomos aqui estratégias de aproximação afetiva que possam resultar na formação de laços de amizade e companheirismo.

---

9 Ecléa Bosi, *Memória e sociedade: lembranças de velhos*, São Paulo: T. A. Queiroz, 1979, p. 36.

2. O conflito de gerações hoje: a família como palco principal

Conflitos e contradições internos, interpessoais e familiares reproduzem conflitos presentes na sociedade global. Se em algumas circunstâncias podemos falar de conflito de gerações, parece-nos que frequentemente este é mais consequência do que causa de conflitos sociais mais amplos, como explica Ecléa Bosi ao analisar a imagem negativa de velhice que persiste em nossa sociedade.

> A noção que temos da velhice decorre mais da luta de classes que do conflito de gerações. É preciso mudar a vida, recriar tudo, refazer as relações humanas doentes para que os velhos trabalhadores não sejam uma espécie estrangeira[1].

De fato, em uma sociedade como a nossa, em que o individualismo é estimulado e a fragilidade das ligações afetivas é uma consequência, o conflito de gerações é apenas mais uma entre tantas outras manifestações de desequilíbrio das relações sociais.

A perspectiva de Maria Alice Foracchi é a mesma, ao perceber o conflito de gerações como um fenômeno que reflete contradições sociais mais amplas: "o conflito de gerações desloca-se para o plano da sociedade e polariza-se numa proposição aberta que também transcende jovens e adultos e que se resume em aceitar o sistema, usufruindo as oportunidades de vida

---

[1] Ecléa Bosi, *op. cit.*, p. 39.

com que ele acena ou em rejeitar o sistema, tentando reconstruí-lo total ou parcialmente"[2].

Ampliando esse raciocínio, Ricardo Moragas aponta a condição social como variável crítica nas relações intergeracionais, e não a idade. Não que esta não tenha importância, juntamente com outras variáveis sociais, na obtenção de relações amistosas ou conflituosas, mas a variável idade tornou-se menos crucial do que outras, como sexo, etnia, personalidade, preferências pessoais, predileções e classe econômica[3].

Na década de 1960, os chamados anos rebeldes foram um importante marco para o questionamento das relações intergeracionais. Os movimentos de emancipação da juventude daquela época colocaram em evidência conflitos com os mais velhos, provocados por seu autoritarismo sobre os jovens. Houve, tanto na Europa quanto nas Américas, inúmeras manifestações de massa. Os moços reivindicavam maior participação nas decisões políticas, clamando, ao mesmo tempo, por uma radical transformação das estruturas sociais. E o questionamento não era voltado só ao Estado: a própria família foi intensamente criticada e problematizada. Naquele momento, tanto em países desenvolvidos como nos mais pobres, o tema do conflito de gerações surgiu com força no Ocidente.

Enquanto o conflito de gerações é um fenômeno que atravessa culturas ao longo da história, o distanciamento entre as gerações parece ser uma característica da sociedade moderna. No âmbito familiar a proximidade é maior, embora, por vezes, apenas física, isto é, sem o calor do afeto. Em decorrência desse convívio, até certo ponto incontornável, é no contexto familiar que ocorrem mais frequentemente os encontros e os desencontros entre as gerações, como foi possível constatar pela fala dos sujeitos entrevistados para este estudo.

A qualidade das relações familiares, aliás, tem sido alvo de muitas discussões entre especialistas e entre pessoas em geral, principalmente porque a família mudou e a posição dos velhos também, como observa Medeiros[4]. Interrogando-se sobre qual é o lugar do velho na família e na sociedade, a

---

2 Maria Alice Foracchi, *A juventude na sociedade contemporânea*, São Paulo: Pioneira, 1972, p. 30.
3 Ricardo Moragas, *Gerontologia social: envelhecimento e qualidade de vida*, trad. Nara C. Rodrigues, São Paulo: Paulinas, 1997, p. 133.
4 Suzana A. da R. Medeiros, "O lugar do velho na família", em Ligia Py, *Velhice nos arredores da morte: a interdependência na relação entre idosos e seus familiares*, Porto Alegre: Edipucrs, 2004, pp. 185-193.

autora constata as recentes e profundas transformações na estrutura familiar e a notável diversidade de comportamentos dos idosos. Qual é o lugar do velho, então, no mundo atual? Se a pós-modernidade, como alguns denominam o período em que vivemos, é definida, entre outras marcas, pela multiculturalidade e pela profusão de estilos e costumes, a esse dado, em países como o Brasil, devemos acrescentar o histórico e gritante contraste entre ricos e pobres. Essa grande variação de condições de vida nos permite falar em "velhices", que ocupam distintos lugares sociais e caracterizam diferentes formas de relacionamento com as demais gerações.

Quando determinada pessoa de idade avançada é rica e famosa, alguém ponderou, com inevitável ironia, que a imprensa a ela se refere mencionando sua função, sem qualquer alusão à idade; por exemplo: "a atriz Fernanda Montenegro", "o arquiteto Oscar Niemeyer", "o empresário Olacyr de Moraes" ou "o professor Antonio Candido". Se o sujeito pertence à classe média, é chamado de idoso. Mas, se for pobre, vai figurar como "velho" nos jornais. Sabemos que, inclusive entre profissionais de gerontologia, existem diferenças de opinião quanto à adequação dos termos "velho", "idoso" ou "terceira idade". Mas, independentemente de nossas preferências terminológicas (que, de fato, podem revelar ideologias), ou seja, para além dessa discussão, o fato é que a palavra "velho", queiramos ou não, é eivada de conotações negativas em nossa sociedade, daí a imprensa tender a reservá-la aos excluídos e fragilizados.

Em relação aos jovens, como já apontamos, o raciocínio é semelhante. Há uma grande variedade de comportamentos entre eles, fato que ensejou a expressão "tribos juvenis". Se, por um lado, essa diversidade é reflexo do momento histórico em que vivemos e pode ser saudada como um salutar sintoma de liberdade, por outro – e esse é o lado sombrio no Brasil –, temos muita variação (qualitativa e quantitativa) na oferta de estudo, trabalho e lazer para a juventude, conforme a posição social do jovem, retrato de nosso subdesenvolvimento.

Também a eficácia da família como instância formadora de novos cidadãos tem sido muito discutida nos últimos anos. Ao que parece, é principalmente o conflito entre pais e filhos que tem se caracterizado como o mais emblemático dos conflitos de geração. Uma das senhoras entrevistadas expressa sua ideia da família como base para os relacionamentos sociais: *"Acho que a base é a família. Acho que quando não existe conflito na família, ou quando existe pouco, dificilmente vai existir num ônibus, numa escola; então, eu acho que a família é a célula, né? Se tem um avô implicante ou um pai ausente... aí tem esses conflitos"* (Dona Maria, 68 anos).

Uma educadora e coordenadora de atividades intergeracionais compartilha essa posição, reafirmando a importância da família como sede de conflitos:

> *Eu acho que fora da família não tem grandes problemas. Eu acho que fora da família é fácil quando tem conflito de ideias porque a oportunidade de encerrar o assunto é mais fácil, numa festa, num encontro... pelo que eu observo, dentro da família é diferente, dentro da família vai haver uma repetição de fatos... "Você vai tocar nesse assunto de novo!" Não tem como fugir. Na família os conflitos são mais intensos. Fora da família, cada um fica com sua ideia e se separam... ou mudam de assunto* (Amanda, 45 anos).

Pesquisas norte-americanas[5] sobre conflitos entre jovens do ensino médio e seus pais apontam várias razões para tais desentendimentos: desde brigas entre irmãos e não cumprimento de tarefas domésticas e escolares até motivos mais sérios, como abuso no consumo de álcool e outras drogas, por parte tanto dos filhos como dos pais. Os conflitos decorrentes do não cumprimento de tarefas são mais comuns com crianças e adolescentes, enquanto as desavenças com filhos mais velhos se dão principalmente em torno de questões relativas à sua autonomia, valores morais e hábitos de vida.

A maioria das investigações sobre o relacionamento intergeracional tem como pano de fundo os estudos sobre a família, por ser nela que as gerações mais interagem. E uma das razões pelas quais a família tem sido colocada na berlinda decorre de uma situação paradoxal: ao mesmo tempo que se propõe a constituir laços fortes e vínculos duradouros, a família deve promover a independência e a autonomia de seus membros, preparando-os para a partida rumo à aventura de se tornarem adultos[6].

---

5 Kimberly Renk *et al.*, "An examination of conflict in emerging adulthood between college students and their parents", *Journal of Intergenerational Relationships*, Nova York: 2006, vol. 4, n° 4, pp. 43-61.
6 Delia Goldfarb & Ruth Gelehrter da Costa Lopes, "Avosidade: a família e transmissão psíquica entre gerações", em Elizabete Viana de Freitas *et al.*, *Tratado de geriatria e gerontologia*, 2. ed., Rio de Janeiro: Guanabara Koogan, 2006, p. 1376.

Analisando o conflito de gerações dentro da família, Rifiotis também comenta a contradição entre expectativas e atitudes paternas. De um lado, o desejo de promoção dos filhos para a vida social; de outro, as restrições impostas:

> Se por um lado é no interior da família que se inicia o processo de socialização do *status* de adulto, por outro ela mesma restringe, nos seu interior, o acesso a esse *status*. As relações hierárquicas fixadas pela descendência impedem que o indivíduo, no interior do quadro familiar, possa desenvolver plenamente a sua personalidade e as atitudes que lhe permitiriam atingir plenamente a condição de adulto[7].

Já na fala de Vera se percebem conflitos familiares, mais especificamente com seu pai – um conflito de ideologias agregado à questão de gênero:

> *O conflito político na minha casa sempre foi gigantesco, desde quando eu tinha 14 anos. A minha geração não votava com 16 anos. Eu tive que votar com 18 anos, mas com 16 eu já fazia "boca de urna", perto da escola onde eu estudava. Entregava panfleto... meu pai queria morrer com isso, meu pai foi uma pessoa que sempre aceitou as regras do sistema, ele me dizia: "Olha, você vai ver como tudo é igual, os políticos, os partidos...". Com os meus tios, com os meus familiares, com todos da minha família, eu sempre tive muita divergência de opinião, porque os mais velhos sempre acharam que a mulher não tinha os mesmos direitos dos homens... e eu sempre fui muito avançada para a minha família... Com 18 anos viajei sozinha para o Nordeste com uma amiga! Então, nossa, sempre, na minha família, cada pedacinho de chão foi duramente conquistado [ri]. Houve bastante conflito...* (Vera, 38 anos, educadora).

De fato, as relações familiares mais frequentemente estudadas parecem ser aquelas envolvendo crianças, ou adolescentes, e seus pais. Há uma profusão de publicações sobre "crianças difíceis" e a chamada "delinquência juvenil", assunto que, de modo geral, preocupa autoridades, políticos, soció-

---

7 Theophilos Rifiotis, "Grupos etários e conflito de gerações: bases antropológicas para um diálogo interdisciplinar", *Revista Política e Trabalho*, Revista de Ciências Sociais – Programa de Pós-Graduação em Sociologia da UFPB. Número 11, 1995, p. 12.

logos, psicólogos, educadores e pais, por trazer inquietações sobre o mundo a ser vivido pelas próximas gerações. Muitas vezes, porém, os pais e seu comportamento repressivo e violento é que são os problemáticos, frequentemente reproduzindo agressões sofridas na infância.

Com base seus estudos etnográficos sobre a posição social dos velhos nas mais diversas comunidades, Simone de Beauvoir nos fala de uma reciprocidade entre a forma de tratamento que pais dispensam aos filhos pequenos e a forma com que estes tratam mais tarde seus próprios pais, esta última forma sendo consequência da primeira. E continua a pensadora: crianças criadas com ternura, docilidade e proteção, quando adultas tratarão com carinho seus pais e avós. Mas crianças maltratadas e negligenciadas poderão se tornar cruéis com seus velhos. Comportamentos vingativos podem resultar em muito sofrimento a pessoas idosas[8].

Nesse sentido, é preciso ponderar que alguns idosos são abandonados em asilos porque maltrataram seus filhos e demais familiares. Olga Quiroga, combativa presidente de uma entidade que ampara velhos de rua, em entrevista concedida à revista *A terceira idade*, contou que, certa ocasião, se sentiu penalizada pela situação de abandono de um determinado senhor. Ela conseguiu fazer contato com o filho desse homem, mas este lhe ofereceu quanto dinheiro precisasse para cuidar do seu pai, com a condição de que o mantivesse longe dele, por causa do tratamento recebido do pai quando criança[9]. Essas são histórias dramáticas de relacionamentos infelizes entre pais e filhos, infelizmente não tão incomuns.

Uma educadora do Sesc manifesta posição semelhante sobre o tratamento dado a crianças e seus efeitos posteriores sobre o relacionamento entre as gerações: *"Acho que a qualidade dessa relação tem a ver com a forma como os idosos tratavam os mais novos, porque esses mais novos tratam os idosos da mesma forma. Então, acho que tem a ver com a história de cada um e de cada família"* (Amanda, 45 anos).

Isso nos leva a pensar nos cuidados a serem tomados na educação das crianças, principalmente na família. Aqui não tivemos a pretensão de analisar mais profundamente as relações familiares, mas recolhemos muitos depoimentos sobre a vida familiar de nossos sujeitos. Neles constatamos

---

8 Simone de Beauvoir, *A velhice*, Rio de Janeiro: Nova Fronteira, 1990, pp. 99-100.
9 Olga L. L. de Quiroga [Entrevista], *A terceira idade*, São Paulo: jun. 2007, n° 39, p. 87.

histórias tristes de negligência, maus-tratos e até abuso sexual – infelizmente, para muitas crianças, desgraça mais comum do que se supõe. Uma das mulheres que entrevistamos relatou um abuso sexual sofrido aos 6 anos de idade, cometido por um tio. A mesma pessoa mencionou que seu pai a espancava. São situações em que o conflito se converte em violência física e moral, num contexto de crueldade e de absoluta desproporção de forças.

Em benefício dos mais frágeis, como as crianças e os velhos, devemos rever as relações na família e repensar nossa forma de organização social, trabalhando para transformá-las. Para isso, os programas institucionais de integração de gerações podem constituir um caminho fértil, ao nos ensinarem que a boa convivência entre adultos e crianças é possível e influenciarem positivamente a adoção de novos estilos de convívio dentro e fora da família.

Fora da família, por exemplo, em processos de educação não formal, isto é, em espaços diferentes do da escola, há relacionamentos muito saudáveis e promissores entre crianças e adultos. O programa Sesc Curumim, por exemplo, atende crianças de 7 a 12 anos e busca propiciar a elas a oportunidade de uma educação integrada por meio do lazer e de atividade culturais. Em uma das unidades da instituição, as crianças desse programa – que também participam de atividades com os idosos – são muito pobres e habitam uma comunidade próxima. Em minhas conversas com elas, fiquei impressionado com a desenvoltura de suas ideias e a altivez de sua postura. Conversaram comigo de igual para igual, sem qualquer constrangimento. Foi possível constatar que, nesse caso, felizmente a pobreza não roubou a dignidade desses pequenos, e que a ação adequada, promovida por aquele grupo de educadores, tem sido decisiva para tal resultado. Uma das educadoras envolvidas no acompanhamento dessa experiência revela suas impressões sobre a atitude dessas crianças em relação aos idosos: *"essas crianças estão curtindo muito fazer um trabalho junto aos idosos, ter uma interação com eles. Elas são muito especiais, há todo um processo em que os professores trabalham a noção de respeito, de contato, de organização, de convivência grupal. As conversas em roda em que as atividades do dia são discutidas e avaliadas são muito produtivas"* (Carmem, educadora, 45 anos).

Já no âmbito familiar – além dos conflitos envolvendo, de um lado, pais ou avós e, de outro, crianças ou adolescentes –, há outros tipos de conflito de gerações. Paulo de Salles Oliveira coletou vários depoimentos de avós, contrariadas com o comportamento de suas filhas, filhos, genros e noras por várias razões: má vontade de trabalhar, em casa ou fora, e por isso pouco dispostos a colaborar financeiramente com as despesas da família; discordâncias quanto à educação do neto em relação a hábitos alimentares, entre outras[10].

Com o aumento da longevidade humana, começa a se tornar mais frequente uma nova modalidade de conflito no seio familiar. Principalmente nos Estados Unidos, têm surgido inúmeros estudos sobre o relacionamento, por vezes bastante tenso, entre pessoas muito idosas e seus filhos na chamada meia-idade ou já adentrando o período da velhice. Refiro-me às relações entre uma terceira e uma quarta idade, como tem sido chamada a fase mais avançada da velhice, tema já analisado por vários pesquisadores[11].

O comprometimento da autonomia de idosos em decorrência de patologias físicas e mentais pode determinar a exacerbação de conflitos familiares. Com a elevação do tempo médio de vida, doenças incapacitantes, como o mal de Alzheimer e outras demências senis, vêm se tornando mais comuns. Quando há idosos incapacitados, exigindo cuidados especiais de familiares (cônjuge, filhos), podem ocorrer conflitos entre adultos. Nesse caso, às motivações gerais do conflito intergeracional somam-se, da parte dos familiares cuidadores, situações de ressentimento, sentimentos de vingança e até raiva, dirigidos aos idosos doentes, como nos mostra Ligia Py[12]. Mas também se ressalta que, nesses momentos, ao se humanizar a interação com o idoso doente, pode florescer a solidariedade, principalmente quando se conta com a ajuda da comunidade (outros parentes, amigos, vizinhos, instituições religiosas etc.).

Sob a ótica da psicanálise, ao refletir sobre a relação entre filhos e pais idosos, Delia Goldfarb comenta a presença de conflitos nessa relação, mo-

---

10 Paulo de Salles Oliveira, *Vidas compartilhadas: cultura e coeducação de gerações na vida cotidiana*, São Paulo: Hucitec / Fapesp, 1999, pp. 268-270.
11 Como, por exemplo, Elizabeth S. Johnson & Barbara J. Bursk, "O relacionamento entre os idosos e os filhos adultos", trad. Elvira Mello, em Elvira M. Wagner, *Cadernos do Curso de Gerontologia Social*, São Paulo: Instituto Sedes Sapientiae, 1982, pp. 1-13; M. Valora Long & Peter Martin, "Personality, relationship closeness, and loneliness of oldest old adults and their children", *The Journal of Gerontology Series B: Psychological Sciences and Social Sciences*, Blacksburg: 2000, vol. 55, n° 5, pp. 311-319; V. A. Freedman, D. A. Wolf & E. H. Stephen "Intergenerational transfer: a question of perspective", *The Gerontologist*, Fairfax: 1991, vol. 31, n° 5, pp. 640-647; Karen Fingerman, "'We had a nice little chat'. Age and generational differences in mothers' and daughters' descriptions of enjoyable visits", *The Journal of Gerontology Series B*. Blacksburg: 2000, v. 55, n° 2, pp. 95-106; e, ainda, Diane N. Lye, "Adult child-parent relationships", *Annual Reviews of Sociology*, Palo Alto: 1996, vol. 22, pp. 79-102.
12 Ligia Py, *Velhice nos arredores da morte: a interdependência na relação entre idosos e seus familiares*, Porto Alegre: Edipucrs, 2004, pp. 221-262.

tivados pela inversão de papéis, pela ausência de uma rede de apoio para os cuidados que idosos fragilizados precisam, e por dificuldades financeiras:

> Na nossa cultura, a função de transmissão psíquica é preferencialmente exercida pela família. Ela garante a primeira transmissão intergeracional, que é a transmissão dos desejos dos pais para os filhos. E essa transmissão jamais acontece sem conflitos. Os vínculos familiares, baseados no exercício de certo poder, dificultam a metabolização da inversão de papéis, especialmente quando o vínculo já era conflituoso. Não é fácil aceitar que não se é mais o pai provedor ou a mãe nutriente e para os filhos não é fácil aceitar a queda da imagem idealizada dos pais da infância. O pai herói e a mãe protetora são agora pessoas que precisam dele. A situação social e econômica atual complica ainda mais esse panorama, pois ou são os pais que devem ser sustentados pelos filhos ou são os filhos desempregados e suas famílias que sobrevivem com os parcos ganhos de seus aposentados. A falta de redes de apoio social soma-se a esse quadro e não há como evitar tensões e conflitos, especialmente em uma fase da vida em que a necessidade de bem-estar é maior[13].

Em países desenvolvidos, mais preparados para amparar seus velhos já fragilizados pela idade muito avançada, uma série de serviços públicos, privados e outros mantidos por ONGS operam no sentido de dar suporte a essas pessoas, na forma de auxílio para tarefas domésticas, assistência médica, lazer e participação social. Os cuidadores desses idosos também são alvo de orientação, para que entendam o que se passa com seu familiar debilitado, doente e dependente, e saibam como cuidar dele. O próprio cuidador deve ser cuidado, para não ser dominado pelo estresse e pela desesperança. Mas em nosso país há muito por fazer, tanto pelo idoso que perdeu sua autonomia quanto por seu cuidador, e, sem dúvida, trata-se de uma providência urgente da sociedade civil e do Estado, já que a falta de assistência tem gerado conflito e sofrimento em muitas famílias brasileiras. Uma das educadoras que entrevistamos considera, dentre os vários relacionamentos intergeracionais na família, ser a relação entre filhos adultos e seus pais idosos a mais difícil, e aponta as razões para assim pensar:

---

13 Fala de Delia Goldfarb no Seminário Velhice Fragilizada, sesc, 2006, transcrita em <http://www.sescsp.org.br/sesc/conferencias_new/subindex.cfm?Referencia=4818&ParamEnd=5>, 15 mar. 2008.

Acho que é um relacionamento complicado porque o filho adulto está vendo qual será a sua próxima etapa e, às vezes, não é uma coisa muito boa de ser vista. Acho que pelo envelhecimento físico tem o desrespeito... até mais intensamente do que o dos jovens, a chacota mesmo. Acho que é uma atitude de negar o que eu vou ser amanhã, é uma falta de paciência... e isso acontece mais na família porque o profissional mais jovem tem mais paciência com os idosos... mas nem sempre (Vera, 38 anos).

Novas contribuições teóricas referentes às transmissões psíquicas intergeracionais têm se revelado nos estudos psicanalíticos relativos ao conflito no contexto da família. O tema não é propriamente novo. Freud, em *Totem e Tabu*, já tecia considerações a respeito da transmissão da vida psíquica de uma geração para as seguintes: "Em geral, a psicologia dos povos se preocupa muito pouco em averiguar por que meios fica constituída a necessária continuidade da vida psíquica nas sucessivas gerações"[14]. Mais adiante, ao constatar que não há fatos psíquicos passíveis de sucumbir totalmente a uma repressão, Freud acrescenta: "Temos, pois, que admitir que nenhuma geração possui a capacidade de ocultar à seguinte fatos psíquicos de certa importância"[15].

Mais recentemente, além de estudos referentes à dinâmica familiar entre pais e filhos, a psicanálise tem se preocupado em estudar as transmissões psíquicas advindas de gerações anteriores. Nesses repasses, podem estar presentes antigos conflitos ocultos e não resolvidos, dotados, por vezes, de forte conteúdo traumático e de raízes inconscientes, que podem gerar consequências muito sérias para as relações familiares. Sobre isso, Olga B. Ruiz Correa comenta que situações traumáticas vividas pelas gerações antecessoras (não só em grupos restritos, como o familiar, mas também em âmbito social mais amplo) produzem fraturas nos vínculos intergeracionais. Por exemplo, tanto no âmbito familiar como na esfera pública, fatos negados ou silenciados – estupros cometidos por familiares, mortes e torturas em períodos de guerras ou de ditaduras – levam a rupturas de vínculos intersubjetivos que sustentam a transmissão psíquica geracional, cuja base é a angústia não metabolizada. Daí a importância da ação mediadora da própria

---

14 Sigmund Freud, *Totem e Tabu. Obras Completas*, II, 3. ed., Madri: Biblioteca Nueva, 1973, p. 1849.
15 Idem, ibidem.

família ou de outras instituições, como organizações educativas e laborais ou, ainda, a de uma terapia familiar psicanalítica[16].

Há, no seio doméstico, conflitos que são mais comuns entre determinadas gerações. Ao analisar investigações etnológicas de relações de parentesco em comunidades africanas, Claudine Attias-Donfut afirma que as principais fontes de tensão, e as mais intensas, estariam nas relações entre pais e filhos e entre tios e sobrinhos, mais do que entre irmãos[17]. Para a autora, com base em resultados de pesquisa[18], uma pista importante para essa afirmação é o fato de serem mais frequentes os parricídios ou a morte do tio pelo sobrinho do que a do irmão primogênito pelo irmão mais novo. O pai ou a geração mais velha ocupa uma posição privilegiada, invejada pelos sucessores, porque detém poder sobre decisões relativas a propriedade, alocação de recursos, trabalho, regulação de conflitos, sanções. Como efeito dos desejos de autonomia por parte dos filhos, as tensões tendem a aumentar, tornando menos suportável a autocracia paterna. Entretanto, a autora observa que, em decorrência do sucesso social dos filhos, pode haver uma atenuação dos conflitos. Ainda que sejam grupos muito distantes em termos de padrões culturais, podem ser vistas semelhanças entre a dinâmica familiar desses povos africanos e o que se passa com as famílias das sociedades industrializadas.

Mais adiante, Attias-Donfut comenta a contribuição da psicanálise para a compreensão da gênese e da evolução desse tipo de conflito: para a psicanálise, as relações intergeracionais, de modo geral, reproduzem as interações entre pais e filhos durante os primeiros anos da infância. Os conflitos internos implicados no desenvolvimento psicossexual da criança – e principalmente a forma que se dá a resolução do conflito edipiano – continuam a influir ao longo da vida, atingindo a idade adulta e a velhice. Desse modo, os indivíduos tendem a reproduzir com seus filhos as relações que tiveram com seus pais[19].

---

16 Olga B. Ruiz Correa, "Transmissão psíquica entre gerações", *Psicologia USP*, São Paulo: 2003, vol.14, n° 3, pp. 35-45.
17 Claudine Attias-Donfut, *Sociologie des générations*, Paris: Presses Universitaires de France, 1988, p. 92.
18 Anne Foner & David I. Kertzer, "Intrinsic and extrinsic sources of change in life-course transitions", em Mathilda W. Riley (org.). *Aging from birth to death*, Boulder: Westwood, 1979; e Robert A. LeVine, "Intergenerational tensions and extended family structures in Africa", em Ethel Shanas, & Gordon F. Streib, *Social structure and the family: generational relations*, Nova York: Prentice Hall, 1965, *apud* Claudine Attias-Donfut, *Sociologie des générations, op. cit.*, respectivamente p. 87 e p. 94.
19 Claudine Attias-Donfut, *Sociologie des générations, op. cit.*, pp. 100-107.

Felizmente, porém, nem sempre é assim. Ao falar da reprodução da violência, um dos entrevistados transmite alento na busca de caminhos alternativos às formas agressivas de resolução de conflitos. Em sua experiência, houve uma saudável interrupção do ciclo de violência entre gerações:

> *O meu pai é muito brincalhão. Ele dá risada, conta piada. Meu pai me dá bronca, mas ele não gosta de bater. Ele apanhou muito do pai dele. Uma vez ele me bateu muito, mas depois ele pensou, se arrependeu e aí ele veio me pedir desculpas e contar que seu pai batia nele. E aí ele nunca mais me bateu. Então, essa é uma lição que eu vou levar para os meus filhos* (Rodrigo, 12 anos).

O pai de Rodrigo, felizmente, ao contrário de uma tendência à reprodução da violência de uma geração para outra, interrompeu esse "destino", demonstrando a capacidade humana de superação de modelos nefastos de conduta paterna. E, efetivamente, essa lição Rodrigo poderá levar para a família que vier a formar. O mesmo se deu com uma senhora que frequenta programas culturais. Num relato detalhado e comovente, me contou sua saga familiar. Fruto de um estupro que seu tio paterno infligiu à sua mãe, foi muito maltratada física e psicologicamente ao longo de toda a sua infância e adolescência por seu padrasto e por sua mãe. Casou-se com um homem que fora também muito rejeitado por seus pais. Mas ambos resistiram a reproduzir, em seus filhos, toda a violência sofrida. A exemplo do ocorrido com o pai de Rodrigo, vemos que essa senhora também – e felizmente – conseguiu romper com o terrível ciclo de violência que se abate sobre muitas famílias:

> *Eu tentei mudar a maneira de criar meus filhos, um jeito diferente daquele em que eu fui criada. Então, tudo aquilo que eu achava errado, que aconteceu comigo, eu procurava fazer diferente com os meus filhos [...] Meu marido também sofreu muito quando criança. Então, nós queríamos acertar mudando muita coisa. Mas, muitas vezes, a gente errava também, perdia a paciência... mas eu, que apanhava de chicotadas da minha mãe, nunca espanquei meus filhos, eu dizia: "Bater? Nunca!". Eu procurava conversar com eles, quando chegavam da escola eu dizia: "Vamos conversar". Aí eles me contavam muita coisa e eu ouvia tudo. Às vezes, eu punha a comida no prato deles e eles me diziam: "Não, mamãe, eu quero te contar mais coisas..." E olha que eles estavam com fome!*

A ideia de conflito de gerações nos leva à reflexão – polêmica, intrigante e curiosa – que Freud desenvolveu em *Totem e Tabu*. Trata-se da conspiração e posterior assassinato do pai, empreendido por seus filhos no contexto da horda primitiva ainda nos primórdios da humanidade[20]. Independente de uma suposta consumação real do ato parricida ou de uma fantasia presente apenas na vida psíquica dos indivíduos (mesmo para Freud tal distinção pouco importava), as elucubrações freudianas nos levam a meditar sobre as relações conflituosas entre pais e filhos ou, mais amplamente, entre as novas e as velhas gerações, como fenômeno que marca a história da humanidade desde a sua constituição.

Em determinados momentos da história, as atribuições paternas e maternas podem não ficar muito claras. Desde o início do século XX, para Enriquez, um maior conhecimento da criança gerou confusão entre os pais, divididos entre uma educação autoritária e castradora – defendida por alguns educadores – e uma educação compreensiva, que requer uma atenção aos desejos da criança – apregoada por outros. Não sabendo o que fazer, os pais renunciam a ocupar seus lugares na escala das gerações[21].

Comentando essa falta de autoridade paterna, uma participante de um dos grupos intergeracionais estudados nos conta:

> *Em muitas famílias, os pais não possuem mais o respeito de seus filhos, não têm disciplina e as crianças ainda falam abertamente aos adultos:* "Eu faço o que quero, você não me manda!". *Então, eu tenho essa experiência porque convivo com essas famílias no conjunto de prédios onde eu moro. Eu convivo com mães que falam:* "Ah, Jussara, o que eu faço? A minha filha está assim, não me escuta mais…". *As meninas de 12, 13 anos já querem ter toda a liberdade… e têm! Os pais não têm mais força sobre elas* (Jussara, 75 anos).

A falta de autoridade de pais e avós pode ensejar uma radicalização de conflitos. Em um depoimento emocionado, essa mesma senhora fala de seu envolvimento com crianças e adolescentes de uma comunidade pobre onde

---

20 Sigmund Freud, *Totem e Tabu*, op. cit., pp. 1745-1850.
21 Eugène Enriquez, *Da horda ao Estado: psicanálise do vínculo social*, trad. Teresa Cristina Carreteiro & Jacyara Nasciutti, Rio de Janeiro: Zahar, 1990, pp. 208-226.

vive, e de seu empenho em ajudá-los, sem esconder a frustração ao vê-los se comportando de modo violento com seus pais e avós:

> *Eles sempre estão arranjando confusão... aí entraram para a maconha e lá rola uma maconha lascada, viu? Lá da janela do meu quarto eu olho e falo: "Eu não acredito!". Pegado ao meu apartamento, uma senhora viúva ficou com três filhos e grávida de um, o marido morreu num acidente. Eles foram criados ali comigo. Os mais velhos têm 10, 11 anos... é uma falta de respeito com a mãe, com a avó... um dia eu peguei o mais velho maltratando a vó: "Você é velha, sai daqui... eu não quero você aqui na minha frente...". E a avó saiu chorando* (Jussara, 75 anos).

Muitas vezes é difícil, em episódios de violência como o que Jussara relata, conseguir o autocontrole. Segundo seu depoimento, contaminada pelo clima de confronto, ela reagiu de modo agressivo contra o garoto, fato que nos leva a pensar novamente na viciosa formação de um ciclo de violência tão difícil de ser interrompido.

De sua parte, numa visão otimista das relações intergeracionais baseadas em processos reciprocamente educativos, Margaret Mead estuda diferentes sociedades em relação a modalidades e direções de repasse de conhecimento entre as gerações, crendo em uma evolução de sociedades pré-figurativas – em que os jovens aprendem com os mais velhos – para cofigurativas – em que os jovens aprendem com seus pares, desaguando, finalmente, em sociedades pós-figurativas – aquelas em que os adultos é que aprendem com os jovens. Ressalta, porém, que todas essas possibilidades de comunicação podem coexistir em qualquer sociedade. Por meio dessas configurações, Mead busca entender a atual situação das relações entre as gerações, a partir do destaque que dá ao papel educativo dos jovens em decorrência das transformações tecnológicas do mundo atual[22].

Enriquez, entretanto, considera frágil a teoria de Margareth Mead, em sua tentativa de reconstrução histórica[23], e discorda por considerar que a visão da autora parte da suposição de tais relações dependerem principalmen-

---

22 Margaret Mead, *Cultura y compromiso. Estudio sobre la ruptura generacional*, trad. Eduardo Goligorsky, Buenos Aires: Grancia, 1971, pp. 35-63; 97-125.
23 Eugène Enriquez, *Da horda ao Estado...*, op.cit., pp. 208-226.

te de transformações históricas, tecnológicas e econômicas. Ele argumenta que, se é verdade que os jovens hoje aprendem mais com seus pares (educação cofigurativa) e que muitos pais aprendem com seus filhos (educação pós-figurativa), isso não se deve a uma incompetência ou falta de saber dos mais velhos, mas sim à sua incapacidade de se situarem no lugar da lei (de um ponto de vista psicanalítico) e de desempenharem seu papel de interdição e de polo de identificação, como símbolo dos valores que permitem viver em sociedade. O autor acha que os pais nunca souberam fazer isso, mas não abdicavam do esforço de fazê-lo. E, ainda, que os pais, em sua maioria, não conseguem o difícil equilíbrio entre a interdição e a permissividade, porque a sociedade não os ampara nessa empreitada. Assim, optam pela opressão mais ou menos explícita ou demitem-se de suas funções.

No entanto, há, sim, "luz no fim do túnel": o conflito de gerações pode ser produtivo e transformador. Mas, para isso concretizar-se, é preciso que, na dialética estabelecida entre a necessária renovação de valores e a não menos importante continuidade das tradições culturais, se processe uma sintonia fina, como a expressa por Paulo de Salles Oliveira:

> As gerações mais novas tanto podem aceitar este legado [a herança cultural], mesmo com transformações que lhe venham colocar – garantindo assim alguma continuidade –, quanto podem recusá-lo, acentuando as diferenças e os conflitos. Estes não são necessariamente negativos pois, dos embates, podem surgir novos horizontes. É preciso reconhecer, todavia, que se os conflitos são importantes na renovação, também a continuidade é algo fundamental para a criação e transmissão da cultura. Nem tudo pode ser abandonado, substituído ou refutado sob pena de sucumbirmos inteiramente à barbárie do consumo das coisas e das pessoas[24].

Essa dimensão conservadora – não confundível com conservadorismo político –, para Arendt, deve estar presente na educação. As tradições e os valores fundamentais, sem esquecer o "espírito revolucionário" do jovem, devem ser preservados, pois "nossa esperança depende sempre do novo tra-

---

24 Paulo de Salles Oliveira, "Conflitos e diálogos entre gerações", *A Terceira Idade*. São Paulo: Sesc n. 43, nov 2008, p. 63.

zido a cada nova geração"[25]. Assim, em relação à criança, desde que as novas potencialidades não sejam cerceadas, são necessárias a autoridade do professor e, por extensão, a do adulto. Portanto, além de saber o que ensinar, o adulto deve exercer um papel diretivo. Mas, adverte Arendt, tal postura só faz sentido no relacionamento entre adultos e crianças, pois, explica, referindo-se ao universo das relações entre adultos, em política não deve haver tal assimetria. Entre adultos (mesmo sendo de diferentes gerações, ponderaríamos nós) não se pode falar, segundo a autora, de um processo educacional, mas sim de uma ação política, ação que deve se dar entre iguais, o que para a autora implica, nesse caso, uma necessária ausência de autoridade.

Para Osborne e Fincham, aqueles pais que conseguem alcançar o sutil equilíbrio de serem, ao mesmo tempo, firmes e democráticos lidam melhor com os diferentes tipos de conflitos, são mais capazes de compreender as razões de seu próprio ponto de vista e percebem melhor as razões da resistência da criança. Assim, e por isso mesmo, estabelecem um diálogo com os filhos sobre o conflito no relacionamento com eles[26].

Sabemos que o modelo de relação com os adultos tem sua matriz no relacionamento com as figuras paternas, daí a inegável importância das relações familiares. Como consequência possível, temos jovens que se relacionam de modo mais ou menos formal com pessoas mais velhas, ou seja, de modo mais tenso, desconfiado, submisso ou, ao contrário, descontraído e sem submissão. Essas variações de atitude podem ser decorrência do tipo de "velho" e de figura de autoridade internalizada a partir, principalmente, das experiências da infância. Nos contatos que mantenho com crianças e adolescentes participantes de atividades intergeracionais no Sesc, são visíveis as diferenças de postura, mais tímida ou mais desenvolta, que esses jovens mantêm em relação aos adultos. O desenvolvimento do convívio em um clima de cooperação gera, porém, a necessária autoconfiança e também a confiança no outro (no caso em questão, a pessoa mais velha). Como decorrência, os jovens se desinibem, relacionando-se de igual para igual com os mais idosos. Essa, ao menos, tem sido minha experiência de relacionamento com jovens, sejam os que frequentam uma instituição cultural, sejam os que fazem parte de minhas relações pessoais.

---

25 Hannah Arendt, *Entre o passado e o futuro*, 4. ed., São Paulo: Perspectiva, 1997, p. 225.
26 Lori N. Osborne & Frank D. Fincham, "Conflict between parents and their children", em *Conflict in personal relationships,* Hillsdale: Lawrence Erlbaum, 1994, pp. 117-141.

Como importante fator facilitador para essa aproximação, está o fato de ter o antagonismo intergeracional cedido em sua força, provavelmente em decorrência de uma diminuição no grau de autoritarismo na família e na sociedade. Brincando com a inversão dos algarismos relativos a dois períodos históricos, Claudine Attias-Donfut compara a geração dos jovens de 1968 com aquela de 1986 na França. Inúmeros adultos, inclusive idosos, consideram os jovens da atualidade como mais livres do que os jovens do passado[27].

Em pesquisa anterior[28], inúmeros depoimentos de pessoas idosas foram nessa direção. Pudemos constatar como são positivas, para os idosos entrevistados naquela ocasião, as imagens do que é ser jovem. Com exceção de um senhor que vinculou a noção de "ser jovem" com a de "inexperiência", todas as demais adjetivações foram elogiosas. Revelaram franca admiração pela juventude atual, destacando o maior acesso aos estudos e elogiando os jovens por seu desempenho escolar. Embora vários tecessem críticas ao excesso de liberdade desses jovens, principalmente no que se refere ao exercício da sexualidade e da utilização de drogas (remetendo à já mencionada questão da ausência de autoridade dos mais velhos), reconheciam as conquistas da nova geração. Todavia, durante as conversas com esses velhos, senti, de forma velada, a presença de sentimentos de inveja – exatamente por essa maior liberdade, que configura uma condição de vida muito diversa daquela que tinham quando jovens. Como possível fonte de conflito de gerações, poderia estar em jogo, aí, esse suposto despeito dos velhos pela estética, força, habilidade física e liberdade sexual, entre outras, dos jovens de hoje? Em que medida esses sentimentos caracterizam o momento em que vivemos? Ressentimentos pelas coisas boas perdidas juntamente com nossa juventude não seriam marcas constituintes, embora inconscientes, do nosso processo de envelhecimento?

A atitude dos mais velhos é, de fato, muitas vezes, de prevenção e desconfiança em relação à propalada rebeldia juvenil. Mas, ao contrário, há velhos rebeldes e irreverentes, cujas características pessoais favorecem a identificação e a aproximação dos jovens, como é o caso do cantor e compositor Tom Zé, entrevistado pela revista *A terceira idade*. Ao falar de sua rebeldia, revela uma identificação incomum com as novas gerações:

---

27 Ponderação feita por Claudine Attias-Donfut, *Sociologie des générations, op. cit.*, p. 10.
28 José Carlos Ferrigno, *Coeducação entre gerações*, 2. edição, São Paulo: Edições Sesc SP, 2010, pp. 66-67.

A tendência de cada geração é dizer que os jovens de hoje são diferentes – e aí tem medo deles. Eu sempre fui curioso quanto ao que a juventude fazia porque meu principal produto não é música, é a rebeldia – e rebeldia é uma proteína sem a qual a juventude não vinga! A rebeldia não é desobediência, rebeldia é outra coisa, é uma coisa muito mais profunda. Como eu produzo rebeldia, a cada ano meu público fica mais jovem. Agora está dando para ir meninos e meninas de nove anos em meus *shows* e saem felicíssimos![29]

Vários sujeitos entrevistados atribuíram o conflito de gerações às diferenças de valores, expectativas, preferências, interesses. Uma educadora menciona até diferenças biológicas, criadas pelo envelhecimento, como determinantes para certo estilo de vida:

> *Acho que primeiro é uma questão de suas expectativas... quando você tem 20 anos, você tem algumas expectativas com relação ao mundo, às pessoas, à sua vida, ao seu futuro... quando você tem 30, já são outras; 40, outras; 50, outras; 60, outras... enfim... eu acho que o conflito é mais de ideias, expectativas... agora que eu sou uma "quarentona" eu começo a perceber que existe outro conflito que é físico mesmo... uma balada de música eletrônica me irrita... me irrita no sentido... eu não gosto, não me faz bem fisicamente, as luzes, o som alto, muito, muito alto... então, acho que o meu organismo já está recebendo as coisas de uma maneira diferente... não significa que eu não possa ouvir aquela música na minha casa, mais baixa, sem aquelas luzes piscando... Acho, essas diferenças podem gerar conflitos* (Renata, 40 anos).

Também uma participante de uma oficina de canto coral junto com crianças reforça essa ideia de diferenças em gostos e estilos gerarem situações conflitantes entre pais e filhos ou entre avós e netos:

> *Quando o pai, a mãe ou a avó gostam de uma coisa e o neto ou o filho, de outra, então, isso às vezes dá conflito e a gente fala: "Nossa, isso é contra os meus princípios!". Vou te dar um exemplo: a minha neta queria fazer*

---

[29] Tom Zé [Antônio José Santana Martins] [Entrevista], *A terceira idade*, São Paulo: Sesc, out. 2008, nº 43, p. 93.

uma tatuagem. Nós não gostamos... não pela tatuagem, porque seria a segunda, ela já tinha feito, até achei bonitinho, fez na perna assim, não sei, é uma florzinha ou uma borboletinha, uma coisinha discreta. Então, eu fui contra, "por que mais uma tatuagem?". Eu falei: "Nunca vai sair! Minha neta tem que trabalhar, trabalha na receita federal, vai se encher de tatuagem agora? Não tem juízo... 23 anos! Acha que pode tudo..." (Sônia, 66 anos).

Outra participante também menciona, entre pais e filhos, conflitos decorrentes das diferenças de expectativas profissionais para os filhos:

Os pais planejam para os filhos uma área de estudo e o filho não quer aquilo; ele quer outra coisa para estudar, porque ele acha que vai se dar melhor. É que nem eu falava sobre a minha filha... "ai, meu Deus, tomara que ela queira medicina" e eu incentivando... ela fez química... mas quem não faz um planejamento para os filhos? Faz. Então, existe desacordo. A gente como pai e mãe sempre quer o melhor, mas, às vezes, não é aquilo que o filho quer; a gente precisa entender isso daí. Desentendimento pode ser um caso desse. O pai diz "Faz isso, isso é bom para você" e o filho não aceita... (D. Aline, 75 anos).

Os conflitos entre os avós e netos – ou, principalmente, entre as avós e netos, já que geralmente são elas que cuidam dos netos – podem se dar quando sua incumbência é não apenas "brincar com eles", mas "tomar conta deles". Tais situações são relativamente comuns quando os filhos dessas avós não têm alternativa senão a de contar com sua mãe para cuidar de seus filhos. A teimosia do neto em fazer bagunça, somada à fadiga da avó, pode resultar em uma ação mais agressiva por parte desta. Essa mesma senhora participa ativamente de atividades intergeracionais e seu relacionamento com os jovens é fácil. Mas contou-nos que perdeu a paciência com seu bisneto de sete anos, criança muito bagunceira. O curioso desse depoimento foi ela ter sentido muita dificuldade em dizer que entrou em conflito com o bisneto; aliás, não disse isso claramente. Foi muito evasiva, se sentiu muito constrangida, o que nos leva a pensar em como pode ser difícil, para as mulheres de sua geração, não se submeter a caprichos dos outros, no caso, filhos, netos ou bisnetos.

Alunos e professores também podem entrar em conflito por diferenças de expectativas. Quando inquirida sobre conflitos com pessoas mais jovens, Renata, 40, educadora, lembra uma situação que a deixou indignada:

> *Fiquei indignada mesmo com as meninas do magistério que não conseguiam ler 15 páginas por semana... eu lembro que uma vez eu perguntei por que elas estavam fazendo magistério e... a maioria era porque gostava de criança e... eu surtei, deu um "pito"... "Gente, meu conselho para vocês: Casem e tenham filhos... esse não é o papel do educador!" Fiquei revoltadíssima... durante um ano... depois eu falei para mim mesma: "Não vou mais compactuar com isto daqui... se eu não posso mudar efetivamente... se eu não tenho tempo..., então é melhor cair fora".*

3. As diferentes formas de percepção e apropriação do tempo

O ritmo do dia a dia e a forma de vivenciar e administrar o tempo são outras diferenças entre mais novos e mais velhos que podem gerar conflitos[1].

Sobre o ritmo e a velocidade de jovens e velhos no desempenho das atividades culturais realizadas na programação do Sesc, Amanda, 45 anos, uma das professoras entrevistadas, revela que, em uma das oficinas de teatro que acompanhou, a lentidão de alguns idosos provocou descontentamento entre os jovens e insegurança nos próprios idosos em continuar no grupo:

> *Tinha no grupo de teatro um idoso muito lento... e, na hora de "criar a fantasia" dentro de um jogo proposto pelo professor, os jovens eram mais rápidos. Eu conversei com esses jovens e eles se queixaram que os idosos eram lentos, demoravam em fazer os exercícios. Aí conversei com os idosos sobre isso; eles me disseram que achavam mais fácil trabalhar com crianças do que com adolescentes: "Ah, com as crianças me sinto bem, eles até precisam da gente, elas precisam do nosso apoio porque eles se desesperam na hora de fazer os ensaios... aí a gente vai lá e dá um jeitinho... mas é difícil chegar nos adolescentes... parece que a gente atrapalha...". Outros idosos me diziam: "Ah, eu não ligo muito não porque... eu estou aqui para*

---

[1] No anexo 3, há um interessante depoimento de uma professora sobre a velocidade das experiências vividas pelas gerações mais novas, as possibilidades de conflito com os adultos e a importância de haver concessões recíprocas entre jovens e velhos para que se crie uma ponte ou um canal de comunicação entre esses mundos vividos de modo tão diverso.

o teatro e não me incomoda...". Mas alguns incomodados desistiram por causa disso... Eles diziam: "Ah, parece que a gente atrapalha... não me sinto bem... eles têm pressa demais".

Sobre essa mesma experiência, Amanda disse que, embora concorde em tese que a diferença de velocidade possa interferir no relacionamento do idoso com o jovem, como no caso aqui citado, considera ter faltado habilidade ao professor de teatro que conduzia o grupo, pois em outras experiências de teatro intergeracional também por ela acompanhadas as diferenças de ritmo foram de alguma forma harmonizadas, sem prejuízo da tarefa ou da relação. Mais adiante, será abordado o papel do educador e, por extensão, do condutor de processos grupais no que se refere à importância desse profissional como facilitador das interações.

Refletir sobre o tempo tal como o percebemos e vivemos pode ajudar a lidar com as diferenças entre as gerações e traz à baila o comentário de Norbert Elias a respeito de como a concepção de tempo tem variado ao longo da história da humanidade, e de como a vida moderna passou a ser cada vez mais pormenorizadamente temporalizada. Muitas atividades humanas são cronometradas. Dependemos do relógio e vivemos num mundo que tem cada vez mais pressa. As mudanças têm sido cada vez mais aceleradas e isso se faz em nome do progresso[2]. E é Ecléa Bosi quem nos ensina quanto a sociedade industrial – do lucro e da competição – é maléfica para com os velhos, sobretudo para aqueles que foram desprovidos do pouco que tinham quando ainda eram trabalhadores e tentam sobreviver com aposentadorias aviltantes enfrentando doenças e maus-tratos. Além disso, as rápidas mudanças da cidade e do bairro desestabilizam e desorientam os idosos[3]. Sem dúvida, um mundo acelerado em demasia reduz as oportunidades de reflexão individual e coletiva sobre o sentido das coisas e a nossa posição em relação a elas. Quando entramos no clima do *time is money*, as conversas e as trocas afetivas tendem a se tornar superficiais.

Em entrevista ao jornal *O Estado de S. Paulo*, Maria Rita Kehl reflete sobre o mal-estar na sociedade contemporânea. Inquirida sobre a aceleração do tempo no mundo moderno, assim responde ao jornalista: "A impressão

---

2 Norbert Elias, *Sobre o tempo*, Rio de Janeiro: Jorge Zahar, 1998, pp. 10-32.
3 Ecléa Bosi, *Memória e sociedade...*, op. cit., p. 35.

que se tem, desde a Revolução Industrial, é que o tempo em sua dimensão cronológica vem se acelerando de uma forma exasperante. Quanto mais tentamos aproveitar o tempo, quanto mais dispomos das horas e dos dias segundo a convicção de que o 'tempo é dinheiro', mais sofremos do sentimento de desperdiçar a vida"[4].

Será que esse tipo de percepção é compartilhado pelos jovens? Talvez não, pois estão crescendo em um ritmo social mais acelerado. Por isso conseguem, como vimos na fala da entrevistada, viver de modo mais adaptado às novas circunstâncias, produzindo e se relacionando com as pessoas. Guardadas as devidas proporções de agilidade, o mesmo pode ocorrer com os mais velhos, ao se envolverem em atividades prazerosas e realizadoras, aproveitando algumas das novas aberturas propiciadas, por exemplo, pelas universidades abertas e desenvolvendo uma vida mais ativa.

Nos encontros de gerações que tenho acompanhado, percebo a emergência de uma nova realidade. Nela, quando o jovem reduz um pouco seu ritmo e o idoso acelera um pouco o passo, para caminharem lado a lado, constato ser possível um entendimento. É preciso, no entanto, que tanto um quanto outro estejam motivados a se relacionar, é preciso que haja simpatia mútua. Aos educadores cabe a tarefa de descobrir caminhos que facilitem a instauração de novas formas de sociabilidade, levando em conta, entre tantas outras coisas, o ritmo e a velocidade das gerações, ou seja, como administram o tempo.

Para designar o tempo, os gregos possuíam duas expressões: *Cronos* – o tempo cronológico, medido em minutos, horas, meses e anos – e *Kairós,* o tempo vivido. Sobre o tema, Joel Martins sintetiza seu pensamento, ao observar que "o homem não está no tempo; é o tempo que está no homem"[5]. Horácio, um dos maiores poetas da Roma Antiga, em suas célebres odes, disse há muitos séculos uma frase que se tornaria célebre: *Carpe Diem*, aproveite o dia, viva o presente. Também refletindo acerca do tempo, Rubem Alves assim ilustra:

---

[4] Maria Rita Kehl, em entrevista para o Caderno de Cultura, *O Estado de S. Paulo*, São Paulo: 19 abr. 2009.

[5] Joel Martins, "Não somos cronos, somos Kairós", *Kairós. Gerontologia,* São Paulo: 1998, vol. 1, nº 1, pp. 11-24.

Há uma estória oriental, zen, que diz assim: um homem ia por uma floresta, estava muito escuro, e de repente ouviu um rugido terrível. Era um leão. Ele ficou com muito medo e começou a correr. Como estava escuro, ele não viu por onde ia e caiu num abismo. No desespero da queda agarrou-se a um galho e ficou pendurado sobre o precipício: lá embaixo, o abismo; em cima, o leão. Olhou então para a parede do precipício e viu uma plantinha com uma frutinha vermelha, um morango. Ele estendeu o braço, colheu o morango e o comeu. Estava delicioso! Esta é a história. Aqueles que gostam de um final claro perguntam logo: "Ele caiu ou não caiu?". Eu respondo: "Você não percebe que o homem é você, que sou eu? Vamos cair. Ainda não caímos. Por enquanto, tratemos de comer os morangos...".[6]

Até aqui levantamos diferentes modalidades de conflito de geração, recorrendo a autores de diferentes áreas do conhecimento e a relatos de situações vividas. Longe de pretender esgotar todas as formas possíveis em que se dão tais dificuldades de relacionamento, pensamos apenas em contribuir para um debate que julgamos conveniente e necessário. Quando descamba para a violência, o conflito humano mostra seu lado destrutivo, mas, em seu aspecto virtuoso, traz o germe da transformação e da esperança. Especificamente, o conflito entre as gerações, como observa Oliveira, traz uma possibilidade luminosa. No seu entender, "os conflitos de geração, em seus desdobramentos mais interessantes, têm como foco central a discussão entre valores e práticas que merecem ou não ser preservados"[7].

---

6 Rubem Alves [Entrevista], *A Terceira Idade*. São Paulo: abr. 2002, n° 24, pp. 73-88.
7 Paulo de Salles Oliveira, Conflitos e diálogos entre gerações, *A terceira idade*. São Paulo: Sesc n. 43, nov 2008, p. 63.

4. Os motivos mais frequentes de conflitos de gerações

Para entender quais são os motivos mais comuns de conflitos de gerações, o conteúdo das entrevistas foi analisado com base em um guia composto pelas seguintes categorias:

1. Formas pelas quais se apresentam as dificuldades de relacionamento e os conflitos intergeracionais, isto é, situações e circunstâncias em que a sua ocorrência é mais provável. Nesse item, uma subdivisão se mostrou eficiente para melhor organização dos dados:
- motivos gerais de conflitos (responsabilidades recíprocas);
- conflitos que partem de condições próprias das crianças e dos jovens ou são criadas por eles;
- conflitos que partem de condições próprias dos mais velhos ou são criados por eles.

2. Modos ou estratégias para se evitarem, superarem ou, ao menos, minimizarem os efeitos negativos do conflito de gerações.

3. Estratégias para aproximar as gerações e desenvolver processos de cooperação entre elas.

4. Como os sujeitos veem a responsabilidade das gerações no conflito entre elas, isto é, qual é a responsabilidade dos mais jovens e qual a responsabilidade dos mais velhos.

5. Representações, imagens, sentidos, significados que o sujeito tem ou faz das demais gerações, tanto em relação às mais jovens quanto em relação às mais velhas. Incluem-se, aqui, as opiniões sobre o relacionamento intergeracional em nossa sociedade, de modo geral.

6. Visões sobre o conflito de gerações e sobre as dificuldades de relacionamentos intergeracionais, de modo geral.

7. Histórias, pessoais ou observadas em outrem, de cooperação intergeracional, revelando lances de solidariedade, empatia, simpatia entre as gerações, em espaços variados como família e outros.

Neste capítulo analisamos apenas o primeiro item, "Formas pelas quais se apresentam as dificuldades de relacionamento e os conflitos intergeracionais". Os demais itens serão analisados no próximo capítulo.

A fala dos sujeitos constitui grande parte do nosso texto. Os depoimentos, sempre que possível, foram articulados entre si e ao pensamento de diversos autores.

Vimos que grande parte das situações que engendram conflitos é criada no seio familiar. Há, inclusive, várias falas que fazem referência direta à família como o ambiente no qual com mais frequência se produzem conflitos entre gerações, principalmente entre pais e filhos. Esse dado não surpreende, principalmente se considerarmos o pouco convívio das gerações em outros espaços sociais. Apresento sinteticamente os principais motivos de conflito revelados pelos entrevistados dentro e fora do núcleo familiar. Não houve qualquer pretensão de elaborar uma lista exaustiva, até porque a proposta não era esgotar o assunto, mas apenas organizar os dados que emergiram das conversas.

Dentro da família vão aparecer desavenças por diferenças de ideias, valores morais, expectativas, preferências, interesses entre pais e filhos, principalmente com filhos adolescentes. Como consequência, há mútuas queixas. Pais, filhos e avós entrevistados relataram situações de conflitos do dia a dia, provocados por inúmeros motivos, alguns triviais, outros de maior gravidade. Mas foi possível perceber que, por sua repetição cotidiana, mesmo razões banais acabam por corroer os relacionamentos familiares.

Na visão dos entrevistados – tanto os jovens sujeitos quanto os mais velhos – há também outros motivos de conflitos desencadeados pelos jovens:

- o insatisfatório desempenho escolar do filho;
- o horário de o jovem chegar em casa;
- a contestação do valor da virgindade, feita pela filha;
- o uso ou a defesa do uso de drogas na visão dos filhos;
- a relutância ou até a recusa do jovem em se tornar independente;

- a frustração dos filhos por não terem acesso a bens de consumo, principalmente brinquedos;
- a bagunça promovida na casa pelos filhos;
- a resistência dos filhos em colaborar com as tarefas domésticas;
- a recusa ou a demora em fazer a lição de casa;
- o tempo excessivo gasto pelas crianças assistindo TV, jogando *videogame* ou navegando na internet;
- o namoro, principalmente da filha.

E também as razões de conflitos que partem dos pais e avós, na opinião destes e principalmente na dos mais jovens:

- a falta de atenção e de tempo, o distanciamento físico e a sobrecarga de trabalho dos pais;
- a privação de liberdade das crianças, que, confinadas em casa, não brincam na rua por causa da violência urbana;
- conflito ideológico com o pai;
- a proibição para os filhos viajarem;
- o desrespeito à privacidade dos filhos quando, por exemplo, os pais ou avós mexem em suas coisas ou entram no quarto sem pedir licença;
- a falta de autoridade dos pais;
- o julgamento preconceituoso do adulto em relação aos adolescentes;
- pais que não preparam e não estimulam os filhos para o trabalho;
- o excessivo controle sobre os filhos e a falta de confiança neles.

Ainda no âmbito familiar, outras gerações podem se conflitar. Surgiram relatos de divergências entre mãe e avó na educação do neto; ao que parece, divergências não tão agudas como no relacionamento entre nora e sogra. Sobre desentendimentos entre pais e filhos adultos, veem-se as dificuldades da relação entre uma terceira e uma quarta idade, relação cada vez mais comum, em decorrência do expressivo aumento da longevidade nas últimas décadas, e que pode estar dificultada pela presença de doenças incapacitantes, físicas ou mentais, geralmente de familiares cuja idade é mais avançada.

Fora da família, ou seja, em espaços públicos como ruas, ambientes de trabalho e instituições de lazer como o Sesc, também são referidas diversas situações de conflito entre gerações. As responsabilidades dos adultos por esses conflitos, na visão dos entrevistados, tanto jovens quanto idosos, foram:

- privilégios ou direitos em excesso concedidos aos idosos;
- preconceito dos mais velhos, que consideram os jovens irresponsáveis, por exemplo, no volante ou pelo consumo de bebidas ou drogas, ou, ainda, porque os acham "desligados";
- falta de assunto, desatualização dos velhos;
- falta de paciência com criança;
- excesso de lição passada pelos professores;
- idosos "birrentos", que voltam à infância e disputam e conflitam com os jovens;
- necessidade dos mais velhos de fazer valerem as tradições.

Os mais velhos, por sua vez, teceram críticas sobre os comportamentos dos mais jovens, apresentando motivos de conflitos entendidos como de responsabilidade destes últimos:

- bagunça e indisciplina das crianças na escola, conflitando com os professores;
- falta de informação e de experiência sobre os velhos;
- visão negativa da figura do adulto ("são todos chatos");
- falta de paciência com os velhos, por exemplo, na fila de banco;
- desrespeito dos motoristas de ônibus aos idosos;
- atitude segregacionista do adolescente quando o adulto entra em "seu" espaço;
- necessidade de afirmação do jovem, desencadeando atritos;
- repulsa ao aspecto físico do idoso;
- falta de respeito com os velhos;
- falta de religiosidade entre os jovens.

Há depoimentos em que a responsabilidade pelas dificuldades de relacionamento é vista como compartilhada entre as gerações – não há um "culpado". É o caso das diferenças na forma de vivenciar e administrar o tempo; ou a falta de familiaridade entre jovens e adultos, fator que inibe a iniciativa do contato.

5. Conflitos entre idosos e jovens nos espaços de lazer

Com o propósito de melhor esclarecer o ambiente do presente estudo, é conveniente descrever a instituição em que foi feita a coleta de informações. O Sesc atende a um público de todas as idades, com alguns programas culturais específicos para determinadas faixas etárias, como é o caso do Curumim, voltado a crianças de 7 a 12 anos, o Alta Voltagem, dirigido a adolescentes entre 13 e 17 anos, e o Trabalho Social com Idosos, reservado aos maiores de 60. A existência de atividades especialmente programadas para certas gerações nos parece importante, na medida em que atende necessidades, interesses e expectativas próprias de cada grupo etário, contribuindo para o estabelecimento de uma identidade coletiva. Em 2003, foi criado o Sesc Gerações, um programa composto por atividades intergeracionais, embora, antes de sua implantação, como foi dito, a entidade já contasse com muitas atividades abertas a todas as idades, mesmo não tendo como foco principal a integração entre elas.

O fato é que, de algum modo, as várias gerações se encontram na instituição. Seja nas atividades especialmente programadas para esse encontro, seja naquelas abertas ao público em geral, seja, ainda, pela proximidade física nos vários espaços comuns – corredores, ruas internas, cafés, restaurantes, áreas de convivência, piscina, quadras, auditórios, banheiros etc. Aí registramos várias situações, de conflito ou de cooperação entre as diversas gerações de frequentadores, tanto em observações diretas como em entrevistas.

Mencionamos algumas situações de estranhamento e rejeição entre idosos, adolescentes e crianças no Sesc. Vimos que se caracterizaram, basicamente, pela recusa em compartilhar atividades e espaços de lazer; e que, segundo os depoimentos recolhidos, as resistências vêm principalmente das pessoas idosas. Constatamos, ainda, ser no âmbito familiar que geralmente os conflitos tendem a se tornar abertos e explícitos. Em outros espaços e situações, como nas atividades de lazer, eles não surgem com a mesma força e frequência, pois preventivamente é mantida uma distância segura ou, após uma aproximação mal-sucedida, o afastamento se dá antes que uma desavença mais forte venha surgir. Na família, sabemos que as coisas se passam de modo diverso, pois, muitas vezes, não há como escapar do conflito, já que a convivência é, de certo modo, obrigatória.

Os motivos de conflito ou de queixa, nos espaços do Sesc, entre os frequentadores das diversas faixas etárias, que apareceram nas falas dos entrevistados, foram:

- idosos reclamando do barulho das crianças e da presença de adolescentes nos bailes promovidos pela instituição;
- alguns professores do programa *Sesc Curumim* que colocam certas regras às crianças, gerando descontentamento nelas;
- idosos que não têm paciência para jogar com crianças e preferem jogos competitivos e, portanto, só jogam entre eles;
- a lentidão de alguns idosos nos exercícios do grupo de teatro do Sesc, ocasionando queixas dos adolescentes participantes da mesma atividade;
- discordâncias entre idosos e educadores;
- discordâncias entre crianças e educadores.

Em relação aos dois últimos – discordâncias entre idosos e educadores, e entre estes e as crianças –, cabe dizer que são mencionados aqui por também serem relações intergeracionais no espaço da instituição. Em geral, esses educadores são adultos jovens que dão aula a crianças ou a idosos. Os desentendimentos se dão na forma de contrariedades na condução das próprias atividades, e no estabelecimento de horários e espaços para elas. Embora gerem tensão, de modo geral essas questões são bem resolvidas pelo diálogo entre as partes envolvidas.

Em síntese, podemos dizer que os conflitos intergeracionais decorrem de contradições presentes nos próprios valores que fundamentam nossa organização social. No relacionamento com as novas gerações, forças opostas estão permanentemente em jogo. De um lado, a necessidade de preservar as tradições; de outro, a necessidade de inovar, perante os novos desafios a serem enfrentados pela coletividade. Os conflitos vão se apresentar sob várias formas e nos diversos espaços sociais, principalmente na família. Mas, da mesma forma que recolhemos relatos de situações conflituosas, também ouvimos histórias de cooperação e amizade entre jovens e velhos. Essas histórias nos fornecem alento e motivação para investirmos esforços rumo à construção de relações pacíficas entre as gerações, em que as atividades de lazer e outras formas de ocupação do tempo livre podem ser caminhos frutíferos.

COOPERAÇÃO E SOLIDARIEDADE. CAMINHOS PARA A SUPERAÇÃO DOS CONFLITOS INTERGERACIONAIS

1. Os vários cenários para o encontro das gerações: família, trabalho, religião, voluntariado e cultura popular

O primeiro *locus*, e o mais comum, do encontro de gerações é a família. Sua importância para a socialização da criança é evidente. Por isso, as ciências humanas – psicologia, antropologia, pedagogia, entre outras – têm estudado exaustivamente o grupo familiar. Ao longo desta publicação podemos perceber nos depoimentos apresentados e nas considerações de vários autores que é na família que os conflitos entre gerações revelam-se mais frequentes: um quadro de relações ora solidárias, ora conflituosas, de desentendimentos entre pais e filhos, irmãos mais velhos e mais novos, e entre avós e netos. Esta última sempre ganhou destaque em minhas reflexões.

NA FAMÍLIA, UMA RELAÇÃO MUITO ESPECIAL: AVÓS E NETOS

Sobre a relação avós e netos, Simone de Beauvoir destaca o benefício que a amizade da criança e do adolescente proporciona aos velhos:

> Quando os netos se tornam adolescentes ou adultos, nada, em sua história anterior pesa nas relações que mantém com seus avós. Estes últimos encontram, na afeição que os netos lhes manifestam, uma desforra contra a geração intermediária; sentem-se rejuvenescer ao contato de sua juventude. Fora de qualquer ligação familiar, a amizade dos jovens é preciosa para as pessoas idosas: ela lhes dá a impressão de que esse tempo em que vivem permanece o seu tempo,

ela ressuscita sua própria juventude, transportando-os para o infinito do futuro: é a melhor defesa contra a melancolia que ameaça a vida avançada[1].

Há uma certa pressão hoje em dia para que os velhos se atualizem, para se "adaptarem" de alguma forma a esse mundo, em nome da melhoria de sua qualidade de vida. Mas se, por um lado, estar atualizado com o que acontece no mundo faz do idoso uma pessoa com mais condições de dialogar com o jovem, por outro, percebemos que o jovem pode vir a se interessar também pelo universo de vivências do idoso, pelo conteúdo de suas lembranças. Recordo-me de diversos relatos que ouvi de pessoas idosas satisfeitas com as conversas agradáveis que tiveram com seus netos, crianças ou adolescentes, em volta, por exemplo, de um álbum de fotografias da família. Ouvir histórias familiares pode ser interessante para o jovem que parece ter certa curiosidade em saber do passado de parentes vivos ou falecidos. Assim, esse pode vir a ser um mote interessante para um bom bate-papo.

Velhos também podem ser atraentes por sua forma de encarar a vida, por suas habilidades, por suas atitudes, pelas soluções que dão aos problemas cotidianos. Até suas necessidades de cuidados podem ensejar a consolidação de vínculos afetivos com seus netos cuidadores. Ao longo desta pesquisa e de minha vida profissional, coligi relatos de momentos felizes vividos entre os avós e netos, numa eloquente afirmação do poder da amizade entre as gerações. Tais experiências foram profundamente marcantes. Convém conhecê-las.

O Sr. Lineu foi o entrevistado mais idoso (85 anos). À época da pesquisa, frequentava com muito entusiasmo um grupo intergeracional do Sesc no interior de São Paulo e se divertia muito com as crianças nas variadas atividades físicas que constituem os chamados Jogos Cooperativos empregados nesse grupo. Além de relatar os bons momentos que compartilhava com as crianças do Sesc e com seus muitos netos, ele contou de suas lembranças de garoto, de sua relação com seus avós – naturalmente, há muitos e muitos anos. O tempo transcorrido, no entanto, não embaçou suas evocações, que continuavam vívidas:

> *Os meus avós eram muito bons comigo, eram carinhosos demais! Eu fui o primeiro neto... eu era o xodó da casa. Com o meu avô materno eu tive*

---

[1] Simone de Beauvoir, *A Velhice*, Rio de Janeiro: Nova Fronteira, 1990, p. 532.

uma convivência muito boa. A gente brincava muito... Ele me ensinava arte. O meu avô era cozinheiro nas festas, ele gostava de cozinhar e gostava de cantar... ele pegava as crianças para andar de carrocinha... ele era muito alegre (Sr. Lineu, 85 anos).

Em sua entrevista, Bruna, 10 anos, declara o que procura no contato com os adultos. Além das histórias familiares, a sensação de ser compreendida e de ser objeto do amor da avó é fundamental para solidificar a relação afetiva, o vínculo entre elas:

Ah, eu acho bom conversar com os adultos porque a gente pode se interessar mais pelas coisas que eles fazem e a gente pode aprender mais sobre isso. Então, é bom. Minha avó é a que mais me escuta. Daí eu vou perguntando para ela como foi, desde o meu nascimento até agora. E ela conta um pouco de história das pessoas, como é que foi, como é que era, e a gente fica curiosa para saber a história da nossa família. Eu encontro com ela praticamente todos os dias, daí fico escutando o que ela fala, ela dá palpite sobre o que tá legal ou não... ela é quem mais me entende. Quando eu estou triste, eu pergunto coisas para ela: "Por que aconteceu isso...?". Daí a gente fica conversando e eu esqueço a tristeza (Bruna, 10 anos).

Para outra entrevistada, a despedida definitiva da avó, após um convívio muito intenso e recheado de muita ternura, constituiu um momento muito sofrido, um luto de difícil reparação:

Eu tinha 11 anos quando minha avó materna morreu. Minha avó, ela me mimava demais e... Depois de um ano eu ainda chorava a morte dela, me trancava no quarto... E olhava as caixinhas de joias dela e lá tinha uma foto dentro, uma foto 3x4. Aí eu ficava olhando a foto dela, chorava e fechava a caixinha e ficava chorando no escuro. Minha mãe também sofreu muito. E... da família quem sofreu mais foi minha mãe e eu (Luciana, 16 anos).

Ao ser inquirido sobre sua relação com seu avô Joaquim, o poeta Thiago de Mello fala do carinho e do respeito que marcou essa relação. Conta também sua admiração por esse homem, profundo conhecedor da natureza e dos mistérios da floresta Amazônica. Relembra um episódio que expressa fortemente o cuidado desse velho com o neto e o impacto sentido com a inesperada declaração de amizade do avô:

> No meu livro *Manual do amor de memória* conto um episódio em que meu avô mentiu. Ele, cego, eu o guiava – e eu, distraído por causa do papagaio (que estava aprendendo a empinar orientado por ele), era ele que estava me guiando – e, de repente, ele caiu! Nós estávamos próximos da casa do meu tio, que era um homem bastante severo – e que veio gritando comigo, já querendo me bater, porque ele viu que eu deixara meu avô cair. Meu avô lhe disse: "O meu neto me avisou que havia uma vala, e nele ninguém toca, ele é meu amigo". Eu pensei: "Puxa, meu avô me chamando de seu amigo!" – eu não sabia direito o que era, eu só tinha 11 onze anos[2].

Já Renata revela o relacionamento positivo com sua tia, que era para ela uma avó protetora e confidente de seus namoros, além de pessoa muito dedicada às crianças:

> *A minha tia foi a companheira da minha mãe, foi a "mãe" da minha mãe, foi a minha "avó" e estava sempre em casa. Numa ocasião, minha mãe ficou muito doente e essa tia foi quem cuidou da gente e ficou conosco até morrer. Ela gostava de cuidar de todas as crianças que nasciam na família, ela ia para a casa da mãe da criança e ficava com a mãe da criança até os quatro meses, para ensinar como cuidar da criança, como dar banho, ela tinha toda essa relação com criança, apesar de não ter tido filhos, mas o fato mais marcante entre nós duas foi quando comecei a namorar. Ela foi a primeira a saber, eu não contei para ninguém, eu não contei nem para meu pai, nem para minha mãe, só para ela. Ela era minha confidente, ela torcia para dar certo o namoro... e, às vezes, eu tinha que sair para me encontrar com ele, e ela era a minha cúmplice. Eu ia escondido. Isso foi o máximo para a nossa relação* (Renata, 40 anos, educadora).

A convivência, longa e intensa, com os avós é relatada por Flávio, educador. Toda a sua narrativa está pontuada por seu carinho por eles. Pequenos detalhes do cotidiano, que deixaram doces e indeléveis recordações. Algo

---

2 Thiago de Mello [Entrevista], *A Terceira Idade*, São Paulo: Sesc, fev. 2009, n. 44 pp. 77-78.

que o impressionou foi a capacidade de trabalho e o empenho de seus velhos na labuta diária da família:

> *Eu tenho uma história bem bonita com os meus avós. Eu tinha um carinho muito grande pelo meu avô paterno; ele era um autodidata, uma pessoa muito inteligente, lia muito jornal, entendia muito de política, finanças... eu sentava sempre bem em frente da mesinha dele. E eu tinha um respeito muito grande por ele... Minha avó materna era aquela avó mineira que faz queijo, que mata porco, a gente sempre teve sítio; então, eu via aquela avó que tinha aquela força. Porque é um trabalho extremamente braçal. Hoje as pessoas têm faxineira que limpa a casa da gente... eu vi minha avó colher paina para fazer travesseiro, eu vi minha avó bater a manteiga... era muito trabalho... A casa da minha avó era aquela coisa, vinha gente buscar leite, era um sítio, tinha gente para buscar queijo... se colhia milho... a família inteira fazia pamonha... eu lembro de uma integração geracional... Por exemplo, eu era quem tirava o cabelinho do milho, o meu pai era quem ralava o milho, cada um tinha uma função para fazer a pamonha. A minha avó ia lá só para temperar, porque ela é quem sabia do tempero da pamonha salgada, ela auxiliava na montagem dos saquinhos que as minhas tias costuravam, as filhas delas amarravam... Era assim a convivência com os meus velhos que trabalhavam muito mesmo (Flávio, 42 anos, educador).*

Outra entrevistada rememora alguns momentos vividos junto ao seu avô, que curtia a natureza. Com ele, Amanda aprendeu a respeitá-la, preservando o meio ambiente. Adulta, como herança dessa influência positiva, desenvolveu um projeto que une idosos e crianças na defesa do meio ambiente em uma grande cidade do interior paulista:

> *Quem me ensinou a mexer na terra foram meus avós porque meus avós tinham sítio. E quando eu era muito criança, o meu avô me ensinava a puxar a cenoura da terra... a beterraba... como puxar a alface sem estragar nenhuma folhinha... como aguar, como matar os bichinhos, as lagartas... E como eu tenho essa afinidade com o meio ambiente, eu lembro da minha infância... esse cuidado com a terra e quanto isso é vivo na minha memória... o meu avô, quanta sabedoria que ele tinha! Quanta coisa boa que ele me ensinava... Quando se fala de meio ambiente, eu lembro muito da minha*

infância, como era prazeroso escutar histórias do meu avô. O meu avô é neto de índios. Então, tem uma relação muito forte com a natureza... ele sabe a hora em que vai chover, a hora que vai amanhecer, a planta certa para plantar, a planta que se deve colher. Na horta, eu lembro até da maneira dele agachar para mostrar as coisas para mim, de como tirar o ovo do ninho da galinha e não perturbá-la... eu lembro a expressão do rosto... aquela voz gostosa... quanto que essa troca intergeracional era prazerosa. Então, eu pensei recentemente: "Vou fazer um projeto unindo dois temas maravilhosos: meio ambiente e gerações" (Amanda, 45 anos, educadora).

Com sua avó, Amanda viveu uma relação muito intensa, principalmente quando teve de cuidar dela numa fase de dependência física mais acentuada. E fala dos cuidados que tinha para com a avó, da relação de estreito contato corporal e emocional entre as duas, e de seus sentimentos:

Com a minha avó paterna eu tive uma relação intensa. Ela se aposentou, ela era professora, ela tinha amnésia e cada vez mais ficava com debilidade física e eu estava me formando em educação física nessa ocasião. Tudo o que eu estudava eu associava a ela. Eu dizia para ela que ela precisava fortalecer os dedos dos pés. Então, eu passei a ter uma relação muito corporal com ela. Cuidava dos pés dela, ensinava a respirar. Até que ela caiu e não andou mais. Então, eu passei a carregá-la no colo. As filhas delas, as minhas tias, tinham dificuldade de lidar com ela. Eu cuidava muito dela, dava banho, a transportava, acompanhava as consultas médicas, a fisioterapia, para tentar recuperar o andar dela... fazia crochê, tricô junto com ela. Comprava as lãs, as linhas, ela gostava de fazer palavra cruzada por causa do problema da memória... inclusive faço palavra cruzada até hoje porque ela me ensinou. Então, eu tive um relacionamento corporal e intelectual com ela. Ela me contava histórias de quando eu era criança. Quando eu morava perto dos meus avós maternos, eu ia passar as minhas férias com os avós paternos. Nessa época, a minha avó paterna me contava histórias, Reinações de Narizinho, Sítio do Picapau Amarelo... então, houve com ela uma relação cultural, intelectual, corporal. Eu lidava bem com o envelhecimento dela porque eu acho que direcionei sempre a minha mente para buscar mais, para entender mais o ciclo da vida (Amanda, 45 anos, educadora).

Vários narradores demonstraram quanto foram atentos ao comportamento de seus velhos. Das observações recebidas, tiraram proveito para seu desenvolvimento cognitivo e emocional. Desde seus anos de criança, o respeito aos mais velhos foi forjado em expressivos momentos de convivência amorosa com pais, avós e tios. Talvez também por isso, em seu exercício profissional, Flávio e Amanda demonstraram habilidade e sensibilidade no trato com crianças, jovens e velhos; e em atividades que buscam aproximá-los. No perfil e na formação do educador responsável pela integração de gerações, experiências de infância positivas como essas me parecem importantes, para sensibilizar e municiar de conhecimentos esses professores em seu exercício profissional.

A INTERGERACIONALIDADE NO MUNDO DO TRABALHO

Além da família, os encontros (ou "desencontros") podem se dar também em outros espaços da vida social – no trabalho, no lazer, na escola, em logradouros, no transporte público etc.

Se, como vimos, a proximidade compulsória e frequente na família tende a gerar atritos e divergências, no espaço de trabalho – outro local de encontros cotidianos – tende a acontecer o mesmo, embora, talvez, com menos intensidade. Ainda não há muitos estudos sobre o relacionamento de gerações no mundo corporativo, mas têm crescido, nos últimos anos, tanto o interesse da mídia quanto a literatura nessa área, assim como o número de profissionais que se especializam em analisar as relações entre funcionários novatos e veteranos. Para designar e "tipificar" os funcionários das várias faixas etárias, foi até criada uma terminologia: os *baby boomers*[3] são os mais velhos; a geração "X" é a dos "quarentões e cinquentões"; e a geração "Y" é a dos recém-formados e dos que ainda não atingiram os 40 anos. Fala-se também da geração "Z", formada pelos adolescentes, que ainda não chegaram ao mundo do trabalho. Claro que as idades para caracterizar esses "tipos" são meras aproximações. Segundo especialistas e consultores, cada uma dessas gerações de trabalhadores tem suas peculiaridades e suas expectativas de trabalho e profissão, seguem um ritmo e um modo próprio

---

3 Geração fruto do súbito aumento de natalidade no pós-guerra, nascidos aproximadamente entre 1946 e 1966.

de trabalhar, além de diferentes graus de "adesão" à empresa. Sem dúvida é importante estudar tais relações com vistas à construção de um clima solidário e produtivo na empresa. Mas, ao serem contratados para promover um bom relacionamento intergeracional nas organizações, tais consultores, ao atribuírem peremptoriamente atitudes e comportamentos "típicos" esperados para determinada faixa etária, correm o risco de acentuar as estereotipias geracionais já existentes, fazendo com que as relações se tornem ainda mais difíceis.

Sabemos que, no universo empresarial, há concorrência por cargos que propiciam bons salários, poder e prestígio. Nessa disputa, por vezes, empregados novos e velhos se opõem. As discordâncias podem envolver a dinâmica e a organização das tarefas, além de visões diferenciadas quanto à hierarquia e às relações com a direção da empresa. Num contexto de forte competição, os mais jovens podem, de alguma forma, pressionar seus colegas veteranos a se aposentar. É frequente empresas, através da concessão de alguns benefícios, estimularem aposentadorias precoces, em nome da necessidade de renovação de pessoal (o que, em grande parte das vezes, apenas esconde a intenção de reduzir despesas com salários e encargos). Assim, muitos trabalhadores se aposentam sem que o queiram e sem que tenham se preparado para essa ruptura, fato que geralmente prenuncia dificuldades de adaptação à fase da aposentadoria e da velhice. No Brasil, os programas de preparação para a aposentadoria são raros e restritos a grandes corporações, atingindo principalmente estratos de classe média e funcionários executivos, e não a grande massa de trabalhadores. A ausência (ou a insuficiência) dessa preparação tende a gerar desajustes psicológicos no trabalhador, prejudicando de um modo geral a qualidade de suas relações interpessoais e, é claro, também daquelas que poderiam ocorrer com gerações mais novas, aí incluídos seus filhos e netos.

Em empresas familiares, pequenas ou grandes, outro possível foco de conflitos pode se dar na disputa, entre os jovens e os velhos proprietários, pela posse da administração do negócio. Sabemos que no âmbito empresarial, assim como na família, os mais velhos detêm mais poder e tendem a ocupar postos de mando e liderança. Em qualquer contexto, dependendo de como alguém investido de autoridade exerce o poder, a possibilidade de conflitos pode aumentar.

O ENCONTRO NA RELIGIÃO, NO TRABALHO VOLUNTÁRIO E NA CULTURA POPULAR

Também em outros locais – comunidades religiosas, políticas ou de trabalho voluntário – as gerações podem interagir. Nessas circunstâncias – sem os atritos entre familiares e as pressões do mundo do trabalho, onde a competição pode ser mais intensa –, a convivência intergerações pode ser facilitada e até se tornar produtiva. Para que mais alternativas de aproximação sejam engendradas nos trabalhos de intervenção comunitária, é necessário que a qualidade dessas relações seja alvo de cuidadosas pesquisas.

Temos dito que a sociedade contemporânea é caracterizada pelo distanciamento entre as gerações. Mas há jovens que fogem à regra e procuram manter contato com pessoas mais velhas em diferentes contextos. É o caso de Karina, uma das entrevistadas. Além do contato com seus avós, ela participa, no Sesc, de atividades de lazer com o pessoal da terceira idade e, juntamente com seus pais, integra desde pequena uma comunidade religiosa. Em depoimento muito descontraído, essa garota relatou várias amizades desenvolvidas com velhos e velhas que fazem parte desse grupo religioso, uma convivência longa e envolvente:

> *Na minha igreja, tem uma senhora que se chama Cida, eu a chamo de Cidinha, ela é bem baixinha, muito amiga minha. Ela fala: "Karina, canta!". Porque eu canto bem alto no coro da igreja. Então, ela diz: "canta porque eu estou triste...". Ela é bem legal. Ela tem 70 e poucos anos... Eu a conheço desde quando eu era bem pequena, porque na minha igreja a maioria das pessoas que frequentam sempre estiveram ali desde criança. Ah, tem outras idosas, tem a Dona Severina, a Dona Dorca. Essa Dona Dorca tem 91 anos. Ela é bem velhinha* (Karina, 14 anos).

Outro contexto alternativo para o encontro de gerações (e, aliás, muito alternativo, considerando as atuais feições do cotidiano na sociedade globalizada e de consumo em que vivemos) é o do universo da cultura popular. Nas tradições populares, os velhos detêm os conhecimentos necessários para a preparação e execução de rituais e eventos festivos de suas comunidades. Por isso são vistos como importantes, sendo reconhecidos e prestigiados pelos jovens. No meio rural, em cidades pequenas e em algumas periferias dos grandes centros urbanos, festas comunitárias – as juninas, dentre tantas outras – ainda sobrevivem. E do pouco que restou de tais manifestações nas grandes cidades, o Carnaval, sem dúvida, se destaca. De fato, nas escolas de samba (ao menos nas mais tradicionais), os velhos compositores, puxadores de enredo, músicos ou passistas são muito respeitados pelos mais moços. Recordo-me de um dos programas de TV da série *Gerações*, transmitido pela rede Sesc TV. Em uma das matérias, ao ser inquirida pelo repórter sobre seu futuro na Escola de Samba Nenê da Vila Matilde, de São Paulo, uma garota não hesitou em dizer: *"no futuro quero ser como o seu Nenê"*, revelando sua profunda admiração por esse homem de saudosa memória, muito querido na comunidade e fundador dessa tradicional agremiação carnavalesca paulistana.

Aqui nos propusemos a refletir sobre formas e estratégias no enfrentamento de conflitos. Na descoberta de caminhos para o apaziguamento das desavenças, principalmente no âmbito familiar – embora tais cuidados, segundo me parece, se apliquem igualmente bem às relações intergeracionais estabelecidas em outros espaços do cotidiano –, fomos auxiliados por teóricos e pelos sujeitos desta pesquisa. Podemos pensar, também, que em outros espaços sociais, como os de lazer, a aproximação bem-sucedida de gerações pode provocar uma predisposição positiva para a melhoria das relações familiares. Porém, antes de nos debruçarmos sobre as potencialidades do lúdico para a integração de gerações, convém pensar de modo mais genérico em atitudes que mais provavelmente poderão favorecer não só a superação de conflitos, mas até sua prevenção.

2. Estratégias de aproximação: diálogo, alteridade e amizade

Ao buscar caminhos para o apaziguamento das desavenças, pensamos não só em diálogo, que pressupõe ouvir e ser ouvido, mas também em alteridade, situação em que o outro é percebido e considerado. E, ainda, em amizade, fenômeno que implica gostar desse outro, ajudá-lo a ser feliz e regozijar-se com seu sucesso.

Falamos de conflitos e de suas consequências. Estas chegam mesmo a ser positivas, pois o conflito – interno, interpessoal ou social – pode constituir-se em motor da ação humana, tendo, portanto, um papel considerável no processo das transformações do mundo. Mas, se o conflito não for encaminhado com inteligência e sensibilidade, sobretudo em favor dos socialmente mais fragilizados (e, por isso mesmo, subjugados pela força), as consequências podem ser devastadoras. Um empreendimento assim não depende obviamente apenas de esforço individual. Muito mais que isso, exige uma ação coletiva rumo à reformulação das condições de vida de toda uma comunidade. Um dos caminhos dessa construção passa por ouvir o que as diferentes idades têm a nos dizer a respeito de ideias de como lidar positivamente com os conflitos de geração, para que, ao lado delas, conscientes e solidários, também ingressemos nessa mobilização.

Vários entrevistados apontam o diálogo como caminho para essa superação (ou, ao menos, para a atenuação dos conflitos entre pais e filhos), como Rodrigo, o mesmo que, em depoimento anterior, nos disse que seu pai mudou de comportamento e nunca mais lhe aplicou castigos corporais: *"Acho que uma conversa pode resolver os problemas. Como acontece entre mim e meu* pai. Ele não me bate; ele acha que com uma conversa ele vai ficar sabendo o que está acontecendo comigo e vai tentar resolver. Então, brigar nunca, conversar sempre" (Rodrigo, 12 anos). Já Sônia sugere o caminho do diálogo, mas coloca como condição importante que aquele que provocou a desavença reveja sua atitude e reconheça seu erro: *"A melhor coisa, eu ainda penso que é conversar, é o diálogo muito franco. Se a gente souber falar, o jovem nos entende. E se a culpa pela briga é da pessoa idosa, ela também tem que parar para pensar no que está fazendo. Eu mesma já fui chamada à atenção pela minha filha"* (Sônia, 66 anos).

Para evitar conflitos em relação ao cumprimento das tarefas domésticas, Bruna, embora muito jovem, valoriza a estratégia da negociação entre a criança e o adulto:

> *Às vezes eu ajudo... quando dá. Mas, quando eu estou cansada, eu falo assim: "Hoje não dá, não vou ajudar". Aí minha mãe insiste e eu falo assim: "Eu vou brincar, daqui a dez minutos eu volto para te ajudar", ou então eu falo assim: "Eu lavo a louça para você e daí eu posso brincar?". E ela fala: "Pode, mas primeiro arruma a louça, arruma seu quarto, alimenta os passarinhos". Aí eu falo: "Ah, Tá bom"* (Bruna, 10 anos).

Apostando na força do diálogo, no potencial transformador que pode haver no conflito, e considerando o lado saudável da contestação do jovem, Danilo Santos de Miranda, diretor do Sesc São Paulo, assim se expressa:

> O conflito de gerações é um fato da vida humana, sempre existiu e sempre existirá. É saudável na medida em que não se transforma em embate. O conflito é a mola propulsora para o diálogo, a troca de ideias. Administrar um conflito não é impedir que ele ocorra, mas que ele reverta em transformação. É interessante reunir a rebeldia natural do jovem com a maturidade e a experiência do idoso[1].

Para a poeta Adélia Prado, a aproximação das gerações passa pela superação do preconceito entre velhos e moços, que é recíproco, mas alerta que todos devem fazer a lição de casa. E acrescenta que, independente da idade de cada um, é preciso ver a pessoa em si:

---

1 Danilo Santos de Miranda [Entrevista], *A Terceira Idade*, São Paulo: Sesc, set. 2003, n. 28, p. 99.

Eu acho que aproximar gerações é exatamente trabalhar no sentido de que os preconceitos sejam extirpados da sociedade, o preconceito contra o velho e o preconceito contra o jovem também. À medida que você pessoalmente também trabalha (isso até começa dentro de casa) para eliminar esses preconceitos, estabelece um terreno de comunicação verdadeiro, começa a ter uma audição real do outro[2].

Para certas pessoas idosas, o contato social é fácil, o que, por extensão, as beneficia no trato com jovens. Dona Aline – que se relaciona com adolescentes nos vários ambientes de um dos centros culturais do Sesc – nos fala sobre seu jeito de lidar com eles:

> *Eu sou fácil de conversar com crianças e com jovens... Converso e, às vezes, eles saem agradecendo: "Ah, isso que você falou, eu estava precisando ouvir". Então, é gostoso... Eu puxo conversa. No ônibus, se der um jeitinho, eu converso. Aqui no Sesc eu encontro com as meninas no banheiro, elas estão sempre agitadas, falantes. Eu sempre falo que, num desentendimento, não se deve bater de frente, porque não adianta virar uma discussão e não chegar a nada; então, eu falo "converse; se não der para conversar, dê um tempo, depois volte a tentar"* (D. Aline, 75 anos).

Dentre as estratégias para amenizar conflitos apontadas nas entrevistas, está a coerência dos mais velhos em suas demandas às novas gerações, como assinala um depoimento:

> *Eu acho que a falta de um bom exemplo impede que a criança acate uma solicitação do adulto. Por exemplo, uma senhora me disse que sempre falava para o neto: "Vá estudar, vá estudar", e o neto não a obedecia. Mas acontece que esse neto nunca viu essa avó com um livro aberto (ri). É o exemplo, o exemplo é muito importante. Não adianta só ficar mandando* (D. Maria, 68 anos).

Sobre a importância de ser a prática dos adultos coerente com seu discurso direcionado para os mais jovens, Marialice Foracchi aponta que estes

---

2 Adélia Prado [Entrevista], *A Terceira Idade*, São Paulo: Sesc, nov. 2001, n. 23, p. 80.

se ressentem das contradições entre o que o adulto diz e o que efetivamente faz[3]. É lamentável a frequência de filhos se decepcionando com seus pais e mães por se comportarem de modo oposto ao que pregam e aconselham. Tal desarmonia vai aos poucos corroendo a confiança entre as gerações e inviabilizando a amizade entre elas.

Por falar em bom exemplo, em uma das unidades do Sesc, vários adolescentes se aproximaram dos idosos por verem com simpatia, em uma atividade, o relacionamento deles com as crianças. É o que relata Amanda, educadora entrevistada para esta investigação, sobre suas experiências profissionais, mostrando-nos que as atividades intergeracionais podem ser contagiantes:

> *Na minha experiência profissional, a criança foi um meio de aproximação entre os idosos e os adolescentes, porque havia uma aproximação entre as pontas, havia uma reciprocidade... E, por isso, foi possível incluir as gerações intermediárias. A aproximação entre crianças e idosos provocou a simpatia dos adolescentes, havia uma amorosidade muito grande e os jovens queriam isso também. Isso aconteceu em uma oficina de teatro. Geralmente são os idosos que sentem medo de serem rejeitados. Isso foi uma surpresa porque eu estava esperando que viesse preconceito por parte dos jovens* (Amanda, 45 anos, educadora).

Durante nossas conversas, os entrevistados mencionaram espontaneamente, como contraponto ao conflito, o valor da amizade. Dona Maria, 68 anos, destaca a importância do diálogo e da amizade, condições que não se confundem com submissão às ideias do outro: *"Para amenizar o conflito é pela amizade mesmo, né? É aceitar... agora, não é aceitar tudo de mão beijada, não. Então, daí quando surge alguma coisa de conflito... tem que sentar e conversar"*. O respeito ao ponto de vista do outro e o reconhecimento de que as diferenças individuais não devem abalar a amizade são ideia que Simone Weil assim tão bem traduziu: "É preciso que as diferenças não diminuam a amizade e que a amizade não diminua as diferenças"[4].

---

3 Marialice Foracchi, *A juventude na sociedade contemporânea*, São Paulo: Pioneira, 1972, pp. 28-29.
4 Simone Weil, *A condição operária e outros estudos sobre a opressão*, 2. ed. rev., trad. Therezinha Gomes Garcia Langlada; seleção e apresentação Ecléa Bosi, São Paulo: Paz e Terra, 1996, p. 62.

Desde a antiga Grécia, o valor da amizade é objeto de reflexão. Em "Carta aos Amigos" ou "Carta VII", Platão, já com 72 anos de idade, relata o episódio em que é chamado para mediar o conflito entre seu amigo Díon e Dionísio, o tirano de Siracusa. Díon, líder siracusiano guiado pela filosofia platônica, almejava a construção de uma sociedade justa e democrática. Ao historiar os terríveis acontecimentos que determinaram a morte de Díon a mando de Dionísio, Platão expõe suas ideias a respeito do que entende por amizade: relação humana que, segundo ele, deve ser baseada na confiança, na solidariedade, na hospitalidade e no cumprimento de acordos e compromissos[5].

Em verbete sobre Aristóteles, Simon Blackburn considera que a amizade implica uma abertura para o outro, fato que representa um engrandecimento do eu. Segundo o autor, Aristóteles afirma o igualitarismo nas relações amistosas dizendo que "a pessoa excelente relaciona-se com seu amigo da mesma maneira que se relaciona consigo mesma, uma vez que um amigo é um outro eu; e assim, tal como seu próprio ser é digno de ser escolhido por si, o ser do seu amigo é de igual modo, ou de modo semelhante, digno de ser escolhido por si"[6].

Em *Ética a Nicômaco*, é também de Aristóteles a preocupação com a solidariedade entre as gerações. Considerando o que os velhos podem fazer pelos jovens e vice-versa, pondera: "Amigos constituem um auxílio ao jovem a fim de protegê-lo do erro; aos velhos, para deles cuidar e suplementar sua capacidade de ação que lhes falta em sua fraqueza"[7].

Outro texto clássico relativo ao tema é de Cícero, que em 44 a.C., a pedido de seu amigo Ático, escreveu "A Amizade". Acerca do valor desse sentimento, o filósofo romano "reproduz" uma conversa entre Lélio Sábio e seus jovens interlocutores Caio Frânio e Quinto Múcio Escévola[8]. Abordando inúmeros aspectos éticos, o texto destaca a cumplicidade que caracteriza a relação entre amigos, que abrange o compartilhar segredos, sucessos e derrotas, e suas correspondentes emoções. Aponta o desprendimento de

---

5 Platão, "Carta aos amigos", em Platão; Cicero & Plutarco, *Amigos e inimigos: como identificá-los*, trad. Renata Cordeiro, São Paulo: Landy, 2009, pp. 13-44.
6 Aristóteles, *apud* Simon Blackburn, *Dicionário Oxford de filosofia*, Rio de Janeiro: Jorge Zahar, 1997, p. 12.
7 Aristóteles, *Ética a Nicômaco*. Livro VIII, 2. ed., trad. Edson Bini, Bauru: Edipro, 2007, p. 235.
8 Caio Lélio Sábio (Gaius Laelio Sapiens) foi político e militar romano, amigo de Cipião, o Africano, tendo com ele participado da derradeira Guerra Púnica (149 a.C.-146 a.C.); os netos deste último, Caio Frânio e Quinto Múcio Escévola, mais tarde cônsules romanos, foram genros de Lélio Sábio.

quem é capaz de abrir mão de vantagens pessoais em nome da amizade. Discorre, ainda, sobre como ela pode ser corrompida pela ambição do poder ou pelo voracidade do lucro. A certa altura, Cícero refere-se à amizade entre velhos e moços:

> Essa afeição, no tempo de nossa juventude, nós a tivemos por homens velhos [...] Velhos, por nossa vez, encontramos uma forma de quietude na afeição dos jovens [...]; na verdade, experimento igualmente um prazer genuíno na afetuosa assiduidade dos jovens [...] e posto que a vida e a natureza são articuladas de tal modo que uma geração suceda à outra, é acima de tudo desejável acompanhar os que partiram ao mesmo tempo que nós, e chegar com eles, como se diz, ao final da corrida[9].

Também o poeta Thiago de Mello, falando-nos de seus sentimentos por um grande amigo, contribui com esta reflexão sobre a amizade:

> A amizade talvez seja o mais sublime sentimento, uma bela forma de amor... mas, para o surgimento da amizade, eu acredito muito na presença da empatia – você encontra uma pessoa e não vai muito com ela... enquanto outra lhe encanta – um homem, uma mulher, ou seja lá quem for... Agora, no momento em que ela é construída, e a partir do encanto que a fez surgir, você trate de cultivá-la que vai dar flor. Eu, por exemplo, tenho um grande amigo, ele é escritor também, a gente já voou de ultraleve, a gente brinca... é o Armando Nogueira – um dos meus escritores prediletos, ele é um dos amigos mais chegados... é meu confidente. Ele não publica nada sem me mostrar antes, e eu também. É tão bom ter um amigo...[10]

Nesse exercício de reflexão sobre caminhos e cuidados a serem tomados para evitar conflitos destrutivos entre as gerações – ou, ao menos, para atenuá-los –, convém considerar as palavras de uma educadora ao falar da importância de se incluírem os adolescentes na gestão dos problemas familiares. Frequentemente, aliás, os adultos desconsideram tal participação, por entenderem que adolescentes são seres inaptos e irresponsáveis. Amanda nos disse:

---

9 Marco Túlio Cícero, *Saber envelhecer e a amizade,* trad. Paulo Neves, Porto Alegre: L&PM, 1997, pp. 143-144.
10 Thiago de Mello [Entrevista], *op. cit.*, pp. 86.

Eu percebo que a maneira como se constroem as relações é fundamental para um clima saudável. Principalmente quando aparece um conflito ou, por exemplo, quando surge uma doença na família... Geralmente os adultos pegam esse problema de doença e o fecham no mundo dos adultos, deixando os adolescentes de fora... Se, pelo contrário, os adultos incluíssem os jovens, seria outra situação. Então, na hora de resolver, de trocar ideias, fica mais fácil que aquele jovem acate quando a família o traz para ajudar a resolver a dificuldade. É interessante passar responsabilidade para ele, dizendo a ele, por exemplo, "olha, enquanto eu vou à farmácia, fica aqui tomando conta dele, observa isso, observa aquilo...". Incluir o jovem é desenvolver a solidariedade (Amanda, 45 anos, educadora).

A imagem que os adultos têm dos adolescentes como irresponsáveis dificulta ou até mesmo inviabiliza uma participação mais efetiva do jovem na vida familiar. Na entrevista, uma adolescente desabafa e reclama que sua mãe assim a considera e se sente injustiçada, pois afirma se preocupar, sim, com o seu futuro:

Minha mãe acha que eu tenho a cabeça relaxada e que eu sou calma demais... e eu não sou bem assim. Eu fico bem preocupada com as coisas... Às vezes, eu penso: "Meu Deus, o que eu vou fazer da minha vida se eu não passar no vestibular!"(Luciana, 16 anos).

De outra maneira e dentro de outro contexto, o das relações entre o educador do Sesc e seus pupilos adolescentes, Vera – ao responder sobre existir, da parte dos adolescentes, nos grupos que coordena, resistência em interagir com os idosos – declara que não, e enfatiza a importância de se passar ao adolescente a responsabilidade e a liberdade de fazer escolhas:

Quando a gente relata o nosso trabalho em congressos, as pessoas nos dizem: "Nossa, por que vocês não têm dificuldade em trabalhar com adolescente?". Eu respondo que eu não acho adolescente a faixa etária mais fácil de se trabalhar. Mas os adolescentes do nosso programa realmente são fáceis de serem trabalhados e eles são muito dispostos. Isso porque eles têm a opção de vir fazer a inscrição, entendeu? Quem faz a inscrição do adolescente é ele mesmo. A gente não exige que os pais venham. Aí eu pen-

so: uma pessoa que vem procurar um projeto para participar, vai oferecer alguma resistência às atividades que são propostas? Dificilmente" (Vera, 38 anos, coordenadora).

Ainda sobre tal "irresponsabilidade", Vera comenta que, ao contrário do que pensam os adultos, em muitas conversas com os adolescentes que ela atende, ouviu deles episódios em que externam gestos de solidariedade com seus amigos. Um tipo de ocorrência relatado foi o de socorrer o amigo que passa mal por embriagar-se. Vários adolescentes contaram à professora que, em vez de levarem o amigo alcoolizado para a casa dele, preocupados com sua segurança física e emocional, o traziam para suas residências. O curioso é que o hospedavam clandestinamente, pois realizavam essa ajuda sem que seus próprios pais soubessem, temendo incompreensão e delação aos pais do amigo.

Também ilustrativo é o comentário dessa mesma professora ao falar da disposição dos adolescentes para o diálogo, atitude pouco percebida pelos adultos. Vera conta que apresentou a seus alunos um jogo consistindo em uma série de frases, para escolherem aquela que julgassem a mais importante para a resolução de um problema. A escolhida foi "o melhor é conversar". Apresentando essa experiência em um congresso, antes de expor os resultados perguntou aos educadores presentes quais teriam sido as respostas mais frequentes dos jovens – nenhum desses professores mencionou a opção mais votada. Se até educadores parecem ter dificuldades para perceber gestos de desprendimento dos jovens, ficamos a imaginar quanto essa percepção deve ser rara entre adultos de um modo geral.

Em muitas escolas brasileiras, vivemos um período de violência crescente: crianças e adolescentes ameaçam a integridade física e psíquica de professores, chegando, por vezes, às vias de fato. Como num alentador contraponto a essa situação desoladora, em outro momento da entrevista a professora Vera reforça o comentário anterior a respeito do comportamento pacífico das crianças e dos adolescentes que atende, explicando que aprenderam a discutir os conflitos na chamada roda de conversa, prática cotidiana em seu trabalho:

> *É muito raro, mas existe entre eles o desejo de resolver as questões pela força. É o gritar, o xingar, a agressão verbal ou física. Mas normalmente eles*

> *aceitam a forma de resolver na conversa. É porque existe essa prática de se conversar em roda, essa prática do questionamento. Então, eles já estão acostumados, eles sabem que terão oportunidade para falar e esperam a sua vez de argumentar* (Vera, 38 anos, coordenadora).

Para que o diálogo se estabeleça, é preciso construir uma ponte de comunicação com os jovens. Martha Pannunzio – professora, militante política e premiada escritora de literatura infantil, que trabalha junto a crianças pobres de Uberlândia (MG) – assim se pronuncia:

> O neto tem mais o que fazer do que dar atenção para o idoso ou para a avó, ou para o avô, ou para a tia, seja para quem for. E o que o idoso tem para contar também não tem graça nenhuma porque o processo civilizatório é tão violento, que é preciso muita emoção para entreter o jovem, que liga a televisão, liga o *videogame* e se diverte. Então, as histórias que a gente tem para contar são histórias pra boi dormir, meu Deus! O jovem não tem paciência. Mas o idoso tem que aprender, ele tem que ocupar esse espaço de conversa. Ele tem que se colocar, sim. Se ele tem verdade para dizer, ele vai ter espaço. Mas se ele vier enganando, e choramingando, aí acabou, meu filho, não tem público. Não tem relacionamento familiar que tenha prazer no convívio com gente que se lamenta permanentemente, que chora, que reclama[11].

A ATENÇÃO AO OUTRO: REQUISITO ESSENCIAL PARA UM RELACIONAMENTO ÉTICO E AFETIVO

A boa convivência no cotidiano familiar depende de uma atenção mais acurada para as expectativas e as necessidades do outro. Refiro-me à capacidade da empatia que possibilita colocar-se em seu lugar, percebendo o que pensa e sente. Essa questão merece ser bem pensada. A atenção pode ajudar muito no processo de aproximação junto às pessoas com as quais vivemos e na construção da amizade. A atenção ao outro exige desprendimento e disponibilidade, para que se possa atingir um estado de contemplação isento de críticas apriorísticas, geralmente fundadas em julgamentos apressados e preconceituosos. Em vez disso, o melhor caminho parece ser um olhar

---

11 Martha Pannunzio [Entrevista], *A Terceira Idade*, São Paulo: Sesc, fev. 2008, n. 41, p. 80.

movido pela curiosidade e pela promessa da descoberta. Tal atitude implica certo esquecimento de nós mesmos ou, dito de outra forma, de um certo desapego e altruísmo. Sobre o tema da atenção, Simone Weil – filósofa, professora, operária e militante de esquerda –, inspirada pelas milenares tradições do Oriente, fez ponderações semelhantes a essas. As ideias de Simone foram muitas bem traduzidas e generosamente divulgadas entre nós por Ecléa Bosi[12]. O exercício de observar o outro não deve supor vigilância ou procura pelo erro alheio, mas a intenção de conhecer o outro. Para isso é preciso amá-lo. Não apenas as relações intergeracionais se beneficiam dessa atenção, mas, obviamente, todos os relacionamentos humanos, e especialmente os dos educadores e pesquisadores da área social em seu trabalho.

---

12 Ecléa Bosi, "A atenção em Simone Weil", *Psicologia USP*, São Paulo: 2003b, vol. 14, n° 1, pp. 11-20.

3. O lúdico como meio de socialização: lazer, espaços culturais e educação não formal

Este estudo almejou desenvolver uma reflexão sobre as possibilidades de integração geracional no âmbito das atividades de lazer. Lazer que pode ser exercido individualmente, mas com frequência permite o compartilhamento de saberes e de emoções, configurando um interessante momento de aproximação das pessoas. Foram abordados vários possíveis fatores relacionados à eclosão de conflitos entre indivíduos mais jovens e mais velhos, provenientes das impressões recolhidas por mim e por diversos autores. Para lançar algumas luzes sobre o fenômeno, foram cruciais os depoimentos obtidos de pessoas de diversas idades. Deparamo-nos, agora, com o desafio de pensar até que ponto momentos lúdicos podem amenizar ou mesmo superar a distância entre as gerações.

Para isso é importante perceber como o lazer é entendido, e quais seus significados mais comuns nos dias de hoje. Segundo o *Houaiss*, lazer é o "tempo que sobra do horário de trabalho e/ou do cumprimento de obrigações, aproveitável para o exercício de atividades prazerosas"[1]; mas também é, ocasionalmente, objeto de concepções restritivas e até mesmo negativas. Por vezes ele é visto apenas como ócio, passatempo ou diversão, sinônimo de preguiça ou de "jogar o tempo fora". Alguns, equivocadamente, o percebem como privilégio de classe, embora esteja presente, sob diferentes formas, em todos os segmentos sociais. Conservadores o veem como um

---

1 Antonio Houaiss, *Dicionário Houaiss da língua portuguesa*, Rio de Janeiro: Objetiva, 2001, p. 1733.

fator de alienação, uma espécie de "narcótico social". Religiosos extremados consideram-no fonte de muitos males, baseados no conhecido ditado "mente desocupada, oficina do demônio". Tais pensamentos revelam uma moral conservadora, em que prevalece a supervalorização do trabalho associada a uma repressão ao prazer.

Para José Guilherme Magnani, antropólogo pioneiro no estudo do tema nas comunidades pobres da periferia de São Paulo, embora o lazer integre o dia a dia das pessoas e forme o lado mais agradável de sua rotina, não é poupado de atitudes preconceituosas. Para ele, o lazer é visto sob suspeição, inclusive quando se busca refletir sobre seu significado, e muitos pesquisadores não veem nele – quando comparado a outros assuntos, como o trabalho ou movimentos políticos[2] – importância suficiente para ser tema de investigação científica.

Inúmeros especialistas concordam, todavia, que o lazer constitui importante fator de humanização da cidade, do trabalho e das relações sociais em geral, além de favorecer o desenvolvimento ético, cultural e artístico de todos os que aprendem a usufruí-lo. Em suma, o tema provoca a emergência de posicionamentos frequentemente díspares e até contraditórios. Há, assim, uma divisão de opiniões caracterizada, por um lado, por aqueles que o consideram o tempo mais rico da expressão pessoal e, por outro, por quem, ao contrário, o vê como um momento eivado de manipulação e, até, de repressão da personalidade.

Diante dessa diversidade de posturas – muitas delas ideologizadas e pouco científicas –, é preciso parcimônia na análise do comportamento lúdico. Paulo de Salles Oliveira, fundamentado na obra *Critique de la vie quotidienne,* de Henri Lefebvre, mostra-nos que o lazer pode se apresentar como ruptura saudável de um cotidiano marcado por fadiga e tensões, transtornos frequentemente encontrados no trabalho e nas relações familiares. Todavia, sob a égide da ideologia consumista, utilitarista e opressiva do capitalismo sob o qual vivemos, o lúdico pode colocar-se também a serviço da alienação dos valores que dignificam e dão sentido à vida humana. Para a superação desse estado de coisas, é imperiosa a constituição de um projeto coletivo,

---

2 José Guilherme C. Magnani, *Festa no pedaço: cultura popular e lazer na cidade,* São Paulo: Brasiliense, 1984, p. 11.

"horizonte que se visualiza como conquista, e que, para ser logrado, requer compromissos partilhados por todos os homens numa difícil travessia desalienante"[3].

Uma ideia mais precisa sobre o sentido do lazer talvez implique pensá-lo como um tempo liberado de qualquer tipo de imposição ou dever, em que a realização pessoal deva ser o fim último, seja para o simples descanso, para a diversão, seja para o desenvolvimento cultural. Quem nos dá uma visão da abrangência do lazer e das várias formas com que se apresenta é Joffre Dumazedier[4]: "O lazer concerne a um conjunto mais ou menos estruturado de atividades com respeito às necessidades do corpo e do espírito dos interessados: lazeres físicos, práticos, artísticos, intelectuais, sociais"[5].

Tudo isso deixa delineada a possibilidade de uma educação pelo lazer. Por meio das atividades de lazer, pessoas de todas as gerações têm a oportunidade de uma "educação nas coisas" – expressão cunhada por Herbert Head –, ou seja, uma educação pelos jogos ou pela arte, que distingue a diversão ativa, o esporte amador ou um curso livre de teatro, por exemplo, de um mero entretenimento passivo, como assistir TV. Para Head, o entretenimento é formado por ingredientes de uma dieta pobre, que não alimenta, da qual logo nos esquecemos. A "educação nas coisas" é algo que implica um contato direto com os objetos e não apenas um manejo superficial das representações destes – característica constitutiva do modelo intelectualista de educação. Para essa tarefa, Head vê nas artes um papel fundamental. Para ele, se quisermos ser permeados pela arte, é preciso vivê-la. E explica que, por intermédio de atividades – como tocar um instrumento, pintar, dançar etc. –, passamos a ter mais influência sobre nossa mente e nosso corpo[6], adquirimos "experiência" e não, um mero "verniz".

Assim, Head defende que o ideal é combinar liberdade e trabalho, transformando trabalho em diversão e vice-versa. E completa:

---

3 Paulo de Salles Oliveira "O lúdico na vida cotidiana", em Heloisa Turini Bruhns (Org.). *Introdução aos estudos do lazer*, Campinas: Editora da Unicamp, 1997, pp. 11-14.
4 Sociólogo francês, pioneiro da chamada sociologia do lazer, que nos anos 1980 assessorou o Sesc São Paulo no estabelecimento de políticas culturais para a instituição.
5 Joffre Dumazedier, *Sociologia empírica do lazer*, trad. Sílvia Mazza & J. Guinsburg, São Paulo: Perspectiva / Sesc SP, 1999, p. 92.
6 Herbert Head, *A redenção do robô*, São Paulo: Summus, 1986, pp. 48-61.

Quando o que fazemos é o exercício da habilidade e da imaginação humanas em todos os campos do trabalho humano, então as diferenças entre trabalho e diversão, entre arte e indústria, entre profissão e recreação, entre os jogos e a poesia – todas essas distinções desaparecem. O ser humano se torna ser humano total, e seu modo de vida uma contínua celebração de sua força e imaginação"[7].

O LAZER COMO FATOR DE HUMANIZAÇÃO DA CIDADE

Nas grandes cidades do mundo moderno, há sérios obstáculos dificultando a fruição do lazer: espaços coletivos que servem principalmente para o trânsito de pedestres e veículos, tornando ruas e praças locais de passagem desatenta e apressada. Se nem há tempo e motivação para a mera contemplação do entorno em um passeio de *flâneur*, que dizer da convivência ou, ao menos, da mera conversa entre vizinhos? Por uma série de razões – especulação imobiliária, ausência de uma participação popular na gestão da cidade e dos bairros, aumento da violência urbana etc. –, é cada vez mais raro o fechamento de vias para a realização de eventos, como Carnaval, festas juninas e outros folguedos. Principalmente quando tais iniciativas partem da própria comunidade, sem interferência dos chamados poderes públicos. Estes, ao promoverem tais eventos, muitas vezes agem com indisfarçáveis finalidades eleitoreiras.

Baseados em pesquisa de 2001 – *Informações básicas municipais (Munic)*, do Instituto Brasileiro de Estatística (IBGE) –, Brenner, Dayrell e Carrano comentam a baixa disponibilidade de equipamentos de lazer nos 5 560 municípios brasileiros. O equipamento cultural mais encontrado são as bibliotecas, pois estão em 79% das localidades; mas há livrarias só em menos da metade dos municípios. Cinemas estão presentes em apenas 8% das cidades, teatros em 19%, e os museus, em 17%. O alcance das emissoras comerciais de TV, no entanto, é impressionante. A principal rede chega a 98% dos municípios, o que nos dá a ideia da influência desse veículo na formação, ou na "deformação", cultural do povo brasileiro[8]. Ao mostrar o crescimento de alguns equi-

---

[7] *Idem, ibidem*, p. 61.
[8] Ana Karina Brenner, Juarez Dayrell & Paulo Carrano, "Culturas do lazer e do tempo livre dos jovens brasileiros", em Helena W. Abramo & Pedro Paulo M. Branco (Orgs.), *Retratos da juventude brasileira: análise de uma pesquisa nacional*, São Paulo: Fundação Perseu Abramo / Instituto Cidadania, 2005, pp. 178-179.

pamentos culturais, como provedores de internet e lojas de discos, a referida pesquisa revela um novo padrão de desigualdade social, em decorrência do acesso dissonante da população aos aparelhos eletroeletrônicos que servem de suporte às novas mídias e tecnologias digitais. Além das desigualdades na oferta de lazer e cultura entre cidades pequenas e grandes, a pesquisa nos informa sobre aqueles dentro dos grandes centros. Os brasileiros das periferias, dos bairros populares, das favelas são quase completamente desprovidos de equipamentos de lazer e cultura, pois esses costumam instalar-se em bairros de classe média ou alta, inibindo o acesso – físico e psicológico – de pessoas pobres.

Mesmo assim, clubes, associações de bairros e centros culturais – espaços administrados tanto pela iniciativa privada quanto pelo poder público –, ainda que insuficientes para atender à forte demanda (principalmente das regiões muito carentes), têm sido a alternativa mais viável para atenuar as dificuldades de ocupação dos logradouros públicos para o lazer. E foi no contexto de uma instituição cultural que oferece atividades de lazer a pessoas de todas as idades que forjamos este nosso trabalho.

OS CENTROS CULTURAIS: INSTITUIÇÕES DE EDUCAÇÃO NÃO FORMAL

A riqueza de conteúdo das atividades de cultura e lazer constitui um precioso arsenal de possibilidades à disposição dos educadores para aproximar as diversas idades. Desde a implantação do programa Sesc Gerações, em 2003, até o momento (2013), inúmeras experiências tiveram lugar nas unidades da instituição, espalhadas pela capital e pelo interior de São Paulo. É bem verdade que sempre houve, nos centros culturais, oferta de atividades normalmente abertas a todas as faixas etárias. Aqui, todavia, nos referimos àquelas intencionalmente construídas para integrar gerações, apresentando algumas experiências pioneiras e significativas no campo do lazer e da cultura. Convém comentar as características desse espaço de encontro intergeracional, que são os centros culturais, e, o tipo de ação educativa que exercem.

A educação formal, como sabemos, compõe o sistema de ensino que visa principalmente à profissionalização, exigindo do aluno frequência obrigatória às aulas e realização de provas e trabalhos que são instrumentos de avaliação, para a passagem a outras etapas, além da certificação através de diplomas. Como tal, não costuma dar margem ao lazer. Mas, a propósito do lazer educativo, é pertinente comentar que as chamadas organizações culturais são entidades de educação não formal[9].

A educação não formal, promovida pelos centros de lazer, tem suas condições descritas pelo Inep – Instituto Nacional de Estudos e Pesquisas Educacionais Anísio Teixeira[10]. Esse órgão, pertencente ao Ministério da Educação do governo brasileiro, esclarece que educação não formal é toda atividade ou programa organizado fora do sistema regular de ensino, constituindo um tipo de educação ministrada sem se ater a uma sequência gradual e que não leva a graus ou títulos, embora seja um programa sistemático e planejado. Também destaca que a educação não formal pode ocorrer dentro e fora de instituições educacionais, e atender a pessoas de todas as idades. Assim, um programa intergeracional de lazer educativo, além da promoção do encontro de gerações, possibilita a expansão do universo cognitivo de todos os envolvidos nesses processos.

Além da educação formal e da não formal, temos a educação informal. Diferentemente das duas primeiras – em que há uma instituição promotora da ação educativa –, a educação informal ocorre no cotidiano das relações interpessoais. Para o Inep, trata-se de um "processo educativo assistemático que ocorre em meio à família, ao ambiente de trabalho, a partir da mídia, em espaços de lazer, entre outros, e resulta no desenvolvimento de conhecimentos e valores, e que abrange todas as possibilidades educativas, no decurso da vida do indivíduo, constituindo um processo permanente e não organizado"[11]. Observar essas trocas espontâneas de conhecimento entre as gerações, durante as atividades intergeracionais do Sesc São Paulo, nos permitiu ver a possibilidade concreta de uma coeducação entre gerações[12] e afirmar que os programas intergeracionais apresentam dupla natureza educativa: do ponto de vista da ação institucional, trata-se de um processo de educação não formal; já sob a perspectiva das trocas espontâneas de conhecimento que ocorrem entre os participantes, temos uma sequência de compor-

---

9 Conforme analisado em José Carlos Ferrigno, "Educação para os velhos, educação pelos velhos e a coeducação entre gerações: processos de educação não formal e informal", em Margareth Parker & Luis Antônio Groppo (Orgs.), *Velhice e educação*, São Paulo: Setembro / Unisal, 2009, pp. 271-287.

10 Ver Inep [Tópicos de educação], <http://www.inep.gov.br/pesquisa/thesaurus/thesaurus.asp?te1=122175&te2=122350&te3=37499>, 28 out. 2008.

11 *Idem, ibidem*.

12 José Carlos Ferrigno, *Coeducação entre gerações*, 2. edição São Paulo: Edições Sesc SP, 2010.

tamentos de coeducação informal. Desse modo, ao defender o lazer como estratégia de aproximação entre as diversas gerações, estou me referindo a um processo que é acima de tudo educativo, e não apenas recreativo, dando margem a um variado leque de possibilidades propiciadoras do conviver.

OS ESPAÇOS DE LAZER COMO LOCAIS PARA REUNIR A FAMÍLIA

Na sociedade atual – em que, por diversas razões já comentadas, há poucas oportunidades de interação entre os membros das famílias –, as instituições de lazer podem, além de aproximar estranhos, ser uma alternativa de espaço compartilhado também pelos componentes de um grupo familiar, permitindo o encontro, fora do ambiente doméstico, entre pais e filhos, avós e netos. Principalmente nas férias ou nos fins de semana, é comum que entidades culturais recebam em geral muitas famílias.

Reforçando o que percebemos sobre a dinâmica familiar nos dias de hoje, diversas crianças entrevistadas queixaram-se da falta de disponibilidade de seus pais para brincar com elas. Alguns surpreendem ao dizerem o que pensam dos adultos: *"Ah, eu acho que eles não puderam brincar muito na infância e agora eles não deixam a gente brincar muito também"* (Tadeu, 12 anos). Esse mesmo menino, aliás, chama nossa atenção para a oportunidade de aprendizado, por achar que adultos são justos e organizam as brincadeiras: *"Os adultos devem brincar mais, curtir mais e, como os adultos sabem mais, daí a gente vai aprendendo com eles... porque, por exemplo, quando a gente joga futebol com criança e também com algum adulto, aí não sai briga e também ninguém rouba no futebol..."* (Tadeu, 12 anos). Uma menina pensa que adultos podem, e devem, brincar com as crianças, sendo precisa em sua avaliação e deixando claro sobre a vida que vai querer para si: *"Eu acho que os adultos não sabem mais brincar. Eles só pensam em trabalhar. Quando eu for adulta eu vou querer continuar brincando porque assim eu acho que vou ser mais feliz. Eu vou brincar muito com os meus filhos"* (Bruna, 10 anos).

Em várias unidades do Sesc São Paulo, acompanhei atividades recreativas programadas para a interação de pais e filhos. Nesses espaços, há nos pais uma primeira atitude, que é deixarem seus filhos na recreação, para se dirigirem a outras atividades voltadas a pessoas mais velhas. Mas, então, são informados pelos monitores que a proposta é exatamente unir adultos e crianças na brincadeira. Geralmente a ideia é bem-aceita, e todos se envolvem nas atividades propostas. Essa primeira reação – de se desincumbirem e de se afastarem dos filhos – nos leva, porém, a pensar que, realmente, brincar com suas crianças não faz parte do repertório comportamental de muitos adultos. As crianças, no entanto, têm outra expectativa.

Se a disponibilidade dos pais para brincar com os seus filhos não é tão grande, com base em vários relatos de frequentadores do Sesc pude constatar que os avós podem ser importantes parceiros de brincadeiras. Mesmo nas classes populares, as avós que se responsabilizam pela criação e pela educação dos netos brincam com eles no pouco tempo que lhes sobra do cotidiano das tarefas domésticas, como nos mostra Oliveira. Reproduzimos a fala (em que descreve a relação com os netos) de uma das avós entrevistadas por ele:

> *A gente, mesmo estando com uma certa idade, tem um lado criança. Eu não sei se é porque eu não tive infância, com brincadeiras, bonecas, essas coisas, e, brincando com eles, a gente volta. Junto com eles, parece que volta aquele lado criança. Quer dizer que é um lado gostoso que eles ensinam para a gente. Que a vida tem que ser vivida como uma brincadeira, levar a vida mais à vontade, não tão a sério assim. Eles ensinam a gente a viver mais (D. Alda)[13].*

---

13 Dona Alda, *apud* Paulo de Salles Oliveira, *Vidas compartilhadas: cultura e coeducação de gerações na vida cotidiana*, São Paulo: Hucitec / Fapesp, 1999, pp. 294-295.

4. Encontros de idosos e adolescentes nas atividades culturais

Conforme explicado quando foram abordados os aspectos metodológicos desta pesquisa, ao observar e analisar mais diretamente algumas atividades de lazer envolvendo crianças e idosos, bem como outras que congregaram adolescentes e idosos, incluí experiências diversas, ocorridas dentro e fora do Sesc, com as quais tive um contato direto ou que me foram relatadas.

Nessas observações e análises, percebe-se que uma das condições facilitadoras de aproximação intergeracional – como ocorre geralmente nas diferentes aproximações – é a da semelhança de interesses. Sem dúvida, a nucleação de jovens e velhos em torno de uma tarefa atraente a todos é uma premissa importante, mas, por vezes, a harmonização de interesses não ocorre *a priori*, e vai se dando a partir das primeiras trocas de experiência, desenvolvidas durante o transcorrer do curso ou da oficina em questão. Em outras palavras, ocorrem possíveis mudanças de atitudes, como resultado de um processo coeducativo entre os envolvidos na ação. Imaginemos, por exemplo, uma oficina de música ou de canto coral, composta por pessoas de diferentes idades. Sabemos que velhos e moços gostam de música, mas entre as gerações há diferenças bem nítidas de preferência quanto a gêneros ou estilos musicais, compositores e intérpretes.

A propósito, esse fenômeno ocorreu em uma atividade simultaneamente musical e teatral. Um jovem de 18 anos, motivado por um companheiro idoso de seu grupo, passou a apreciar o repertório de Silvio Caldas, cantor e compositor da chamada Velha Guarda. E nos disse que passou a ver a terceira idade de outro modo, admirando nessas pessoas a disposição que, às vezes, ele próprio não tinha. E confessa: *"Outro dia estava pensando que tenho uma amizade com eles aqui que não tenho na minha própria família"*. Trata-se de um pequeno exemplo das influências mútuas – e, no caso, salutares – que uma geração pode imprimir à outra, contribuindo para um alargamento de horizontes em suas vidas.

Assim como esse jovem conheceu um tipo de música diferente e incorporou-a a seu saber, recordo-me, em minha experiência como pai, de como minhas filhas, na infância e também na adolescência, passaram a apreciar músicos e compositores da música popular de gerações mais velhas, como Noel Rosa e Chico Buarque, em decorrência do contato que tiveram com suas obras ao ouvir meus discos. Reciprocamente, graças a elas, passei a apreciar alguns gêneros musicais até então distantes de mim, como algumas modalidades do *rock*. Por experiências tão simples e cotidianas como essas que, com mais ou menos intensidade, todos temos nos contatos com pessoas mais jovens ou mais velhas, é que falamos de uma coeducação como um processo que pode resultar em enriquecimento significativo do universo cultural dos protagonistas envolvidos.

Outra experiência que me vem à lembrança ocorreu no Sesc Alagoas, em Maceió, e tive a oportunidade de presenciá-la em uma de minhas viagens de trabalho. Envolvendo adolescentes e idosas, assisti a uma apresentação de dança em que coexistiam o *rap* – gênero musical dançante, fundado pelos negros norte-americanos no final do século xx – e o coco – dança folclórica típica da região Nordeste. A apresentação ganhou o sugestivo nome de *Rapcoqueando* e fez muito sucesso entre o público presente, formado por centenas de pessoas idosas. Durante semanas, esse grupo se reunira para preparar o *show* e certamente tiveram muitas conversas sobre esses gêneros musicais. Mas, mais que o resultado final dos ensaios, a aproximação de mundos culturais tão distintos foi, sem dúvida, uma experiência singular na vida dessas pessoas. Encontros assim nos mostram as efetivas possibilidades das artes na integração interpessoal e nos fazem constatar o enriquecimento que pode ser alcançado por todos os envolvidos nesses processos.

Também pela via cultural e artística, outro interessante encontro de adolescentes e idosos de que tomei conhecimento teve como resultado uma comunhão não só de interesses, mas também de um processo de fazer artístico. Em 2008, fui visitar Dona Valdete, moradora de um bairro pobre de Belo Horizonte, para convidá-la a participar de um encontro em São Paulo

– Idosos Protagonistas – que se propunha a mostrar trabalhos comunitários empreendidos por idosos. Dona Valdete contou como, junto com outras idosas, formou o Meninas de Sinhá, grupo musical de cantoria de roda. Segundo ela, foi nascendo, entre ela e suas vizinhas, a vontade de cantar, dançar e relembrar cantigas de roda, cirandas e brincadeiras infantis de tempos antigos. A brincadeira do grupo acabou se transformando no seu principal objeto artístico, a preservação da memória e a difusão da cultura popular. O grupo gravou um CD, que ganhou o prêmio Sharp, e se apresentou em *shows* com artistas famosos, como Gilberto Gil e Jair Rodrigues. Também contou que sua atenção foi inicialmente despertada pelo fato de essas mulheres viverem em postos de saúde, atrás de médicos e remédios antidepressivos, e percebeu que seu mal era uma insatisfação básica com suas vidas. Sua atuação cultural e política mudou não só a vida dessas senhoras, mas de todo o bairro em que vivem. A primeira apresentação do grupo foi para uma multidão de jovens, em um evento feito para esse público. Por insistência dos organizadores, essas senhoras, com o "coração aos pulos", subiram ao palco e foram efusivamente aplaudidas após a apresentação, recebendo muitas manifestações de carinho. Passaram, então, a ser admiradas pela moçada do lugar e a se apresentar com músicos jovens, alguns deles seus próprios netos. Seu público também é formado por gente de todas as idades, pois o ritmo contagiante e a poesia das músicas que cantam encantam velhos e moços. Dona Valdete se orgulha inclusive de outro feito do grupo: a criação do grupo Netinhas de Sinhá, formado por 24 crianças que cantam e dançam cantigas de roda. Sobre suas companheiras, concluiu: *"Hoje essas mulheres daqui não são mais amélias, elas são donas de si mesmas e fazem o que gostam"*[1].

Até mesmo em Minas Gerais, um profissional do Sesc relatou ter ocorrido, em uma das unidades, uma interessante aproximação entre idosos e adolescentes. Quando ainda não envolvidos nas atividades da entidade, alguns desses adolescentes apresentavam comportamento agressivo e arredio, com casos de invasão e até depredação de algumas instalações. Depois, a partir da ação desenvolvida por educadores, esses jovens se integraram à programação dos eventos e, inclusive, desenvolveram atividades junto aos idosos. Uma delas, o projeto Gerações, foi composta por debates sobre te-

---

[1] É possível ter acesso ao relato dessa experiência do grupo na voz das próprias protagonistas em: <http://www.youtube.com/watch?v=OaCPWBSXvVU>, 27 jan. 2013.

mas como "as contribuições culturais dos velhos e dos jovens", "a juventude do passado e a juventude do presente" e "a importância dos idosos para a recuperação e a transmissão da memória social". Uma das educadoras do projeto relatou que, entusiasmada com essa convivência, uma adolescente de 15 anos procurou sua avó para lhe dizer da importância dessas experiências e convidá-la a integrar o grupo.

Na cidade de São Paulo, há manifestações de cultura popular dedicadas à literatura em diversos espaços públicos dos bairros periféricos. Uma delas – que acontece desde 2001, no Bar do Zé Batidão, na zona sul da capital paulista – é o Sarau da Cooperifa, movimento literário que, por intermédio de recitais de poesia, busca divulgar o *artista cidadão*. Trata-se de um espaço em que é possível encontrar jovens e idosos declamando poesias, não só de autores consagrados, mas de sua própria lavra, escutadas com reverência pela plateia do bar. Há entre todos um clima de muita camaradagem, como pude pessoalmente constatar: diferentes gerações, das mais recentes às mais antigas, se alternam em suas declamações e são recebidas com muitos aplausos. Seus poemas falam, sim, do cotidiano difícil, marcado por pobreza, opressão e muita injustiça, mas também de alegrias e esperanças. Experiências desse tipo são exemplos de uma saudável apropriação do espaço público por gente de todas as idades.

Um caminho fértil para o encontro das gerações pode ser o trocar experiências sobre o lugar em que se vive, seja a cidade, seja o bairro. O projeto Cartas, uma das atividades observadas, caracterizou-se pela troca de correspondências entre idosos e adolescentes, dizendo de suas impressões a respeito da cidade de São Paulo. Em uma atividade assim, além da aproximação de gerações, há oportunidade de idosos transmitirem aos mais novos um pouco da história da cidade. Desse modo, os velhos, na condição de portadores da memória social, cumprem um papel importante na preservação de lembranças, colaborando para desalienação dos jovens em relação a seu próprio passado e ao passado de sua gente[2].

Do mesmo projeto, Dona Aline, 75 anos, mostrou as cartas que trocou com Luciana, 16 anos, também entrevistada. Em suas cartas trocando

---

2 A educadora responsável pela coordenação do projeto nos explicou o que aconteceu. Sua narrativa se encontra no Anexo 1 desta obra.

impressões sobre a cidade, além de se apresentarem uma à outra, a idosa e a adolescente dizem como são, do que gostam e do que não gostam. Há nessa "conversa" um momento bastante bem-humorado, quando Luciana – mesmo admitindo que se divertiu com a experiência – manifesta estranheza em redigir uma carta, *"uma coisa arcaica, uma espécie de MSN à moda antiga"*, segundo suas palavras.

A mesma adolescente fala de outros relacionamentos com idosas, no âmbito de uma oficina de teatro. Neles se refere, em especial, a uma senhora com quem manteve muitas conversas e mostra ter com ela um envolvimento que não tem com a própria família:

> *Nela eu prestava atenção: ela falava e eu escutava; acho que é porque é uma pessoa de fora, não sei. Se fosse da minha família eu não iria escutar do mesmo jeito, porque quando é da família, quando é pai, mãe ou avó a gente já sabe o que vão dizer e aí não se tem muita paciência; geralmente vem bronca. Então a gente finge que não está ouvindo* (Luciana, 16 anos).

Esse depoimento nos traz um alerta: no contexto familiar, é bom ressaltar a importância não só de uma permanente revisão de valores, mas, também, de aguçar a atenção para com o outro. Assim é possível evitar atitudes estereotipadas, resultantes de relações superficiais e sem calor humano entre pais e filhos, avós e netos.

5. O encontro de idosos e crianças no lazer

Na aproximação entre jovens e idosos, há inúmeras experiências – frutíferas e interessantes –, extensíveis à integração de crianças e idosos nos encontros em atividades culturais, provocando fenômenos que me chamaram a atenção. Aqui, temos visto serem as atitudes dos velhos em relação às crianças muito variáveis. No contingente de idosos frequentadores do Sesc, há uma expressiva parcela deles sem qualquer interesse em se envolver em atividades com crianças. Tal posição, já dissemos, não significa necessariamente uma aversão aos pequenos, pois idosos que no Sesc não querem contato com crianças podem ser, como constatamos, avós envolvidos com seus netos em casa ou em outros espaços. Mas, no Sesc, querem outras atividades e companhias e, é claro, têm todo o direito a isso.

  Entretanto, nem todos pensam assim. Ouvi de muitos idosos, inclusive no Sesc, que o contato com crianças faz muito bem a eles. Dos depoimentos que tive a oportunidade de escutar, um dos mais expressivos me foi feito por Dona Jussara, 75 anos. Há alguns anos, ao ser constatado que estava com câncer, ficou emocionalmente abalada e entrou em depressão. Parou de frequentar o Sesc e recolheu-se à sua casa, até que uma companheira de atividades de lazer, um dia, incentivou-a a participar de uma experiência intergeracional do Sesc, reunindo crianças e idosos para atividades físicas em jogos cooperativos. Desde o primeiro dia com as crianças, o contato com elas produziu um impacto positivo e formidável em sua vida[1].

---

1 Seu relato se encontra no Anexo 2.

Ao refletir sobre a percepção e a vivência do tempo entre gerações mais velhas e mais novas, foram considerados depoimentos e observações que apontaram para a possibilidade de conflitos em virtude das diferenças de ritmo na execução de tarefas no contexto de grupos intergeracionais. Agora, ao considerar o potencial do lazer na aproximação das gerações, é perceptível que o envolvimento com tarefas prazerosas e de interesse comum – por exemplo, no exercício do brincar – pode apagar tais diferenças. Inúmeras vezes presenciei idosos lado a lado com crianças, todos profundamente mergulhados no exercício de tarefas interessantes a todas as gerações – nelas, o tempo e a idade de cada um deixam de existir, só há o presente. Nesse sentido, ouvi várias declarações como essa: *"Quando a gente está entretida com as crianças numa oficina, a gente não sente o tempo passar porque a atividade é divertida e a gente também nem sente a idade que tem. Aí não tem criança, não tem idoso… é engraçado, mas isso acontece, eu esqueço que estou velha!"* (Maria, 68 anos). Ou seja, mesmo que se dê em encontros esporádicos, o envolvimento entre criança e idoso pode ser realmente intenso. As lembranças ficam, e fica também a vontade de "repetir a dose", mostrando que a aproximação com crianças é possível e desejável. Numa atividade do programa Curumim, em que as crianças convidaram idosos para participar de seu habitual lanche, o depoimento de uma das idosas destaca o acolhimento caloroso das crianças:

> *Essas crianças do Curumim foram maravilhosas, todas conversaram, todas participaram, todas nos trataram bem no dia em que nós, da terceira idade, lanchamos junto com elas, participando do lanche do Curumim. Eu sentei com dois meninos, e sabe o que um falou para mim? Ele disse: "Que pena que você não pode comer sempre com a gente, eu adorei". Eu disse: "Ah, para mim foi um prazer!". Aí quando terminamos o lanche e fomos entregar a bandeja, ele me disse assim: "Você também vai escovar os dentes junto com a gente?". Foi uma experiência boa* (D. Sônia, 66 anos).

Relacionada à percepção do tempo em atividades que reúnem idosos e crianças, vale ainda uma reflexão. Sabemos que uma das maneiras de discriminar os velhos é infantilizando-os. É com pesar que vemos, até mesmo em profissionais da área, alguns modos de tratamento constrangedores. Idoso obviamente não vira criança, nem quando passa a demenciar – neste caso, trata-se de um adulto doente. Do ponto de vista do tempo, porém, é possível perceber semelhanças entre velhos e crianças. Em um mundo tão corrido e tão premido por obrigações e horários restritivos, crianças e velhos podem se identificar tanto no modo de percepção quanto na maneira de vivenciar o tempo. Talvez tenham mais disponibilidade mental para mergulhar e ir bem fundo nas atividades, situação em que o tempo parece parar – momentos que podem ser muito felizes. Em situações de jogos e brincadeiras, presenciei muita alegria descontraída, compartilhada entre jovens e velhos, ao lado de importantes momentos de reflexão, mas sem aquela sisudez inibidora e desnecessária. Para muitas pessoas, todavia, circunstâncias assim são raras do cotidiano. Em um mundo rigidamente controlado pelo relógio, como o nosso, infelizmente os adultos em geral – tão sérios, tão compenetrados, tão responsáveis – não têm tempo de brincar e viver o presente; nem com outros jovens adultos, nem, e muito menos, com outras gerações. Daí os filhos queixarem-se da pouca disponibilidade de tempo de seus pais, cabendo aqui relembrar os dois sentidos que os antigos gregos davam à ideia de tempo: seja em sua duração física (*Cronos*), seja em sua vivência (*Kairós*).

Em uma das unidades do Sesc no interior de São Paulo, ocorreu *De carta em carta*, atividade que também tematizou a troca de correspondências entre idosos e jovens[2]. Dessa vez, as gerações protagonistas foram idosos e crianças. Os principais conteúdos dessas cartas eram os jogos e brincadeiras dos idosos na época de sua infância e os folguedos atuais das crianças participantes. Um dos idosos, pessoa muito brincalhona e muito habilidosa para produzir brinquedos (e que, por isso, faz sucesso entre as crianças), fala assim de sua vivência: *"Achei importante a troca de correspondência, mas o lado interessante é que eu me sinto criança e me sinto bem no meio delas... eu não cresci, eu não sou o que aparento, eu continuo criança..."* (Sr. William, 76 anos). Tal declaração nos remete à já aludida permanência em nós de um espírito lúdico, que pode ser recuperado com mais força no tempo da velhice. Não se trata de tarefa fácil, mas é possível e, ao que tudo indica, bem gratificante.

Sabemos que conflitos podem ocorrer em outros locais, fora da família, ainda que em menor quantidade e intensidade. Dona Maria – grande incentivadora dos programas intergeracionais e frequentadora de um centro cultural do interior de São Paulo, onde sempre se mostra motivada a interagir com os jovens – observa que, nas atividades de lazer, a possibilidade de

---

2 De todo semelhante ao projeto Cartas, na cidade de São Paulo, já relatado anteriormente.

ocorrerem é ainda menor e mais difícil que em outras situações. Ela pondera que o conflito de gerações em atividades de lazer são mais difíceis de ocorrer e explica por que: *"Acho que é mais difícil nessas atividades culturais, de teatro, de música, envolvendo criança e idoso, surgir conflito porque as pessoas estão mais felizes, estão se divertindo, escolheram estar ali"* (Dona Maria, 68 anos). Ronaldo concorda com ela e pondera que a aproximação entre gerações nas atividades culturais e de esportes é mais fácil do que na família:

> *Quando se está em família é mais complicado, porque aí tem o emocional. É mais fácil você ver um jovem se dando muito bem com um velho aqui no Sesc, por exemplo, jogando pingue-pongue ou dançando, e não se dar bem em casa com os próprios pais. Primeiro, porque não tem a convivência diária, que é muito difícil. Segundo, porque ele está aqui para essa atividade porque quer estar* (Ronaldo, 47, educador).

Tudo o que foi dito aqui sobre as relações intergeracionais obviamente é configurado pelos valores vigentes em nossa sociedade. Há pouca convivência geracional dentro e fora da família, em decorrência da lógica capitalista que estimula o individualismo e a competição entre as pessoas de modo geral, contaminando igualmente as relações entre as gerações. Para não perdermos uma visão mais relativista da realidade, do ponto de vista cultural, é importante cotejarmos nossos costumes com o de outras comunidades, pois há sempre bastante a aprender. O poeta Thiago de Mello há muitos anos vive na floresta Amazônica profundamente imerso no convívio com as populações indígenas da região. Thiago relatou como se dá a convivência das gerações entre esses índios e também com os brancos e caboclos. Sob certas circunstâncias e atividades, ele nos mostra que a forte interação faz com que a idade de cada um nem seja sequer percebida:

> O filho da floresta, talvez por ser índio ou descendente, não envelhece. Eu já participei de vários "cutiruns", mutirões de pesca em que vêm caboclos, brancos, além dos índios e, de repente, todos estão como os índios – tem crianças, tem mulheres, tem idosos; tem o índio de 15, 16, 20 anos, que ainda é adolescente, está junto com o velho que tem 70 anos. As idades desaparecem. Eu tive a sorte de conviver intimamente com todas essas gerações"[3].

---

3 Thiago de Mello [Entrevista], *op. cit.*, p. 78.

Não se trata de idealizar uma sociedade paradisíaca, sem conflitos: isso não existe. Como vimos, conflitos e crises fazem parte da natureza humana e são necessários para transformações individuais e coletivas. Certamente na cultura indígena – e em outras culturas do presente ou do passado –, o conflito sempre fez parte das relações humanas, e o conflito de gerações também aí está presente, possivelmente sob outras formas. Talvez seja útil pensar sobre o peso relativo existente nos fatores que levam a conflitos e naqueles que levam a gestos de solidariedade. Quando há um forte desequilíbrio, favorecendo a eclosão de antagonismos – como ocorre em nossa sociedade –, é preciso rever de que modo, e em que direção, estamos construindo (ou destruindo) nossas relações sociais. Há indicadores preocupantes, principalmente aqueles que nos informam das alarmantes desigualdades étnicas, de classe, de gênero e de geração.

De forma surpreendente, um dos garotos entrevistados menciona a liberdade e as condições materiais como premissas para um relacionamento mais afetivo e produtivo entre moços e velhos. Foi dessa criança que ouvi uma denúncia do trabalho infantil. Nenhum adulto entrevistado se lembrou desse fato, que constrange a nós, brasileiros, ainda às voltas com essa vergonha nacional:

> *Tem muita criança livre, que pode brincar, jogar... que tem casa, livro, tempo de estudar, tempo de obrigação, tempo para brincar, que se relaciona bem com a mãe, com o pai... mas tem criança que não tem liberdade e, por isso, não gosta dos mais velhos. Tem muito trabalho infantil por aí... como que uma criança que vive assim pode gostar dos adultos?* (Tadeu, 12 anos).

Thiago de Mello nos alerta que temos muito a aprender com os índios, principalmente em relação ao tratamento dado às nossas crianças. Raquel Altman também ressalta a presença do lúdico nessas culturas, seu caráter intergeracional e sua importância para a formação da criança ao mostrar como a brincadeira, na qualidade de uma produção cultural entre gerações, é carregada de sentidos bem demarcados. Entre os indígenas, por meio de situações que dramatizam o cotidiano, os brinquedos favorecem a interação da criança com o mundo adulto. Aí são representados papéis esperados do gênero masculino e do feminino; o estabelecimento dos grupos e suas normas são facilitadas por brincadeiras e jogos; também a formação de lideranças é aprendida. Esses jogos possibilitam, portanto, a criação de importantes ligações interpessoais[4].

Lembro-me de uma história, mas não recordo sua fonte. Uma repórter presencia uma mãe indígena fabricando potes de barro para seu filho. Este, ao receber o pote, joga-o no chão, espatifando-o. Várias vezes, a cena se repete: a mãe faz o pote, entrega ao filho, que o quebra em seguida. Intrigada, a jornalista pergunta à mãe: "Se seu filho vai quebrar o vaso, por que você o faz e por que o oferece a ele?". Então a mãe, ainda mais surpresa do que a repórter, responde: "Para que ele quebre o vaso!". Creio que é possível viver sob lógicas muito diferentes e, sobretudo, mais interessantes a todos do que as que costumam reger nosso sistema social e nossa vida, dita "civilizada". Muitos pais e mães que conhecemos ou de quem, ao menos, ouvimos falar se mostram sem paciência alguma e batem frequentemente em suas crianças, criando assim um clima de medo e ressentimento com desastrosas consequências para todas as gerações envolvidas, num processo incontrolável de reprodução da violência. Quando refletimos sobre a "reinvenção da vida", inspirados pelo poema *Reinvenção*, de Cecília Meirelles[5], devemos pensar em novas formas de nos relacionarmos com as crianças, como vários depoimentos, inclusive das próprias crianças entrevistadas para este trabalho, já nos sinalizaram.

---

4 Raquel Z. Altman, "Brincando na história", em Mary Del Priore (Org.), *História das crianças no Brasil*, São Paulo: Contexto, 2000, pp. 231-258.
5 "A vida só é possível / reinventada. // Anda o sol pelas campinas / e passeia a mão dourada / pelas águas, pelas folhas... / Ah! tudo bolhas / que vêm de fundas piscinas / de ilusionismo... – mais nada. // Mas a vida, a vida, a vida, / a vida só é possível / reinventada. // Vem a lua, vem, retira / as algemas dos meus braços. // Projeto-me por espaços / cheios da tua Figura. / Tudo mentira! Mentira / da lua, na noite escura. // Não te encontro, não te alcanço... / Só – no tempo equilibrada, / desprendo-me do balanço / que além do tempo me leva. / Só – na treva, / fico recebida e dada. // Porque a vida, a vida, a vida, / a vida só é possível / reinventada." Cecília Meireles, "Reinvenção", *Vaga música* (1942), em Antonio Carlos Secchin (org.), *Poesia completa, 1*, Rio de Janeiro: Nova Fronteira, 2001, pp. 411-412.

6. Experiências pioneiras e significativas

A mais antiga experiência de que tenho conhecimento ocorreu no Sesc São Paulo em 1977, a partir de uma pesquisa sobre brinquedos populares. Idosos foram convidados a desenvolver suas habilidades em oficinas de criatividade. Posteriormente, em um evento chamado Encontro de Gerações, realizado para comemorar a Semana da Criança, esses velhos assumiram o comando de uma oficina que ensinava às crianças a confecção de brinquedos artesanais. Essa experiência possibilitou uma interação muito rica entre velhos e crianças, estimulando a criação de oficinas de criatividade em vários centros de atendimento, na capital e no interior.

No início dos anos 1980, com o objetivo de restabelecer a comunicação entre velhos e crianças, o Sesc da cidade de Ribeirão Preto, no interior paulista, criou os Contadores de Histórias, um grupo de teatro de idosos. A partir de histórias e lendas da época de suas infâncias, os participantes escolheram o teatro de bonecos, pois atenuava o constrangimento de enfrentar um palco: caracterizados em fantasias, puderam ocultar suas identidades. Tal estratagema serviu também para surpreender o público, pegando as crianças de surpresa no final do espetáculo, ao descobrirem seus avós como atores. O grupo escolheu os personagens, elaborou o texto, confeccionou as máscaras, o vestuário e a trilha sonora. Durante e depois das apresentações, a interação com as crianças era muito intensa. Em decorrência do sucesso alcançado, esse e outros grupos de teatro formados por idosos passaram a ser convidados para se apresentar em creches, orfanatos, escolas, pré-escolas, feiras populares, festivais de teatro etc., em comemorações do Dia da

Criança, Natal e em outros eventos. Ainda na área teatral, em 2001, no Sesc Consolação, na cidade de São Paulo, uma interessante experiência juntou as oficinas de teatro de adolescentes com a oficina de teatro de idosos. Durante meses, adolescentes e idosos se encontraram para estudo e seleção de textos de grandes dramaturgos e, posteriormente, para ensaios e apresentações. Pude constatar a riqueza desse processo de integração ao ter a oportunidade de observar pessoalmente tanto os preparativos quanto as apresentações.

Também tendo por conteúdo a contação de histórias, o Departamento Nacional do Sesc implantou, em vários estados brasileiros, o projeto Era Uma Vez... Atividades Intergeracionais, buscando, por meio da literatura infantojuvenil, a aproximação entre idosos (na condição de narradores) e crianças. Nessa mesma área, três anos mais tarde (2004), o Sesc Santo Amaro, na cidade de São Paulo, promoveu um concurso literário que, através da temática proposta, estimulava a reflexão de crianças e adolescentes sobre o envelhecimento e incentivava os mais velhos a pensar nas gerações mais novas.

Nesse ano, houve vários projetos interessantes também nas áreas de fotografia e vídeo. No Sesc Itaquera, na cidade de São Paulo, teve lugar uma oficina fotográfica em que jovens e idosos fotografaram-se mutuamente. No decurso da feitura das fotos, as inúmeras conversas entre os participantes permitiram a reflexão em conjunto sobre a maneira que representavam a outra geração. Houve um "antes" e um "depois". As primeiras representações demonstravam desconhecimento do outro e, por isso, continham um olhar mais ou menos preconceituoso. No momento posterior, as opiniões evidenciavam um maior conhecimento mútuo e, portanto, uma ideia mais realista a respeito da outra geração.

Ainda naquele mesmo ano, o Sesc Pompeia, na cidade de São Paulo, realizou uma oficina de vídeo em que adolescentes montaram uma produção mostrando o amor na terceira idade, enquanto os idosos retrataram o amor na adolescência. Tal atividade gerou uma rica discussão, em que os adolescentes tiveram a oportunidade de superar a visão estereotipada de uma velhice assexuada e não desejante.

Também em 2004, aconteceu *Um caipira no cinema*, projeto multimídia[1] de longa duração (11 meses), no Sesc Taubaté (SP), apresentando a obra e a vida de Mazzaroppi, envolvendo crianças, adolescentes e idosos. A duração

---

1 Constava de contação de histórias, em atividades de teatro, cinema e vídeo.

da experiência propiciou muitas trocas entre os participantes e mostrou ser uma condição importante para a formação de laços afetivos.

Naquele mesmo ano, tão produtivo, também o Sesc Consolação, na cidade de São Paulo, foi sede de outro projeto multimídia muito original, elaborado por jovens e velhos. Com base na exposição de fotos e outros objetos de moradores do bairro de Vila Buarque, São Paulo, o vídeo documentário *Coletor de imagens* colocava em foco a memória dessa região da capital paulistana. Na obtenção do material para a produção, o grupo percorreu as ruas do bairro em um carro com alto-falantes, convidando a população a participar da atividade, emprestar fotos e objetos pessoais que contassem histórias, envolvendo toda a comunidade.

Esses poucos exemplos servem para prestarmos atenção à ampla dimensão de horizontes possíveis para o estabelecimento de relações entre pessoas de diferentes idades, sem relação de parentesco, num contexto simultaneamente lúdico e educativo.

7. Administrando processos intergeracionais: interações facilitadoras e formação do educador

Nas atividades de lazer promovidas por instituições culturais, é interessante ver algumas características não só do processo grupal que se instaura nos grupos multietários, mas também de seu acompanhamento. O que nos move nesse esforço é o desejo de discutir métodos de trabalho: gostaríamos que mais e mais profissionais se envolvessem na busca de procedimentos eficientes no incentivo à aproximação das gerações. Sendo uma área nova de intervenção social, há toda uma estrutura conceitual e metodológica a ser construída.

Uma primeira questão que surge é: no campo de lazer, para uma ação institucional que se propõe a ser transformadora no que diz respeito à construção de novas relações entre jovens e velhos, que tipo de atividade pode ser considerada de fato intergeracional? Que características deve ter? Para servir aos objetivos de um programa que se propõe a trocas de experiências e ao fomento à formação de laços afetivos, basta juntar crianças, adolescentes, adultos jovens e idosos em uma mesma atividade, seja em uma apresentação artística, uma palestra, seja uma aula de ginástica? Certamente não basta.

É fundamental, considerando-se as metas de ações dessa natureza, que haja interação efetiva entre os participantes. Isso não quer dizer, entretanto, que devemos desprezar atividades em que as gerações apenas compartilhem o mesmo espaço físico. Atividades assim podem ser entendidas como iniciais e preparatórias, constituindo importante estratégia para uma aproximação gradual e para agregar um contingente de pessoas motivadas a compor núcleos intergeracionais.

Para o estabelecimento e a consolidação de uma cultura intergeracional, há um tempo necessário. Nas unidades do Sesc, onde já se acumulou um número significativo dessas experiências, percebe-se a formação de um público para tais propostas. Paulatinamente, mais e mais crianças, adolescentes, jovens e idosos aceitam o convite para participar dos cursos e oficinas culturais multietárias, não somente pelas tarefas ou pelos temas abordados nesses espaços, mas pela vontade de interagir com pessoas de outras idades. Nesse sentido, na opinião de uma educadora, é possível disseminar uma nova atitude, mais favorável à interação com outras gerações:

> *Eu acho que a gente tem que propor esses encontros, eu acho que essas pessoas são muito diferentes daquelas pessoas que estão na situação de "cada um no seu galho..." já estão noutra... estão vendo as coisas de uma outra forma... acho que é o único caminho. Esse adolescente, esse idoso, esse adulto que participou de uma atividade intergeracional, que sabia que era intergeracional, que estava até disposto a essa convivência intergeracional, ele também está circulando pelo mundo, disseminando essa informação e essa experiência. Então, ele pode contagiar outras pessoas...* (Renata, 40 anos, educadora).

Nessa direção, ao ser inquirido sobre o que motiva mais os participantes, se a atividade ou a presença de outra geração, outro educador pondera que, após a integração entre as pessoas, depois de um certo tempo de convívio, o encontro com a outra geração ganha importância, fato que reforça a importância do lazer como estratégia de aproximação:

> *Hoje, depois que eles já estão juntos há bastante tempo, o fato de poderem dividir essa atividade com alguém de outra geração tornou-se um atrativo. Mas no começo não era assim, era mais pela atividade mesmo que as pessoas vinham. Agora os idosos vêm porque eles apreciam a convivência com as crianças. Eu não imaginava que a convivência com crianças fosse tão importante para eles* (Ronaldo, 47 anos, educador).

Um método de trabalho é construído na prática e a experiência de Ronaldo com atividades intergeracionais é uma das mais antigas no Sesc. Seu conhecimento sobre os desejos e as necessidades de seus alunos possibilitou-lhe criar procedimentos cada vez mais eficazes em seu trabalho de aproximação de crianças e idosos. Uma das condições facilitadoras, como veremos, para a aproximação entre gerações é o tempo de convívio nessas atividades de lazer, e o mesmo raciocínio se aplica à relação entre o educador e sua turma. O tempo de convívio desse professor e seus pupilos forjou uma sólida amizade. Durante vários anos, essa convivência foi sendo edificada e consolidada, a ponto de crianças, idosos e professor sentirem necessidade de um reencontro periódico. Trata-se de exemplo emblemático da importância de um trabalho processual, contínuo, sustentado pela vontade tanto da instituição quanto do próprio profissional responsável pela atividade.

NÍVEIS DE INTERAÇÃO EM DINÂMICAS GRUPAIS

Podemos ponderar que há diferentes níveis de interação em processos grupais e sugerir uma classificação de atividades, intergeracionais ou não, tendo em conta o grau de interação entre os participantes. Teríamos então, *grosso modo*, três diferentes níveis de envolvimento.

Num primeiro nível há tão somente a presença das diversas gerações em um mesmo espaço. Em centros culturais, ocorrem muitas atividades para as quais não há especificação de público por faixa etária. São atividades para todas as idades. Nesse caso, a interação pode ser mínima. Isso acontece quando temos uma plateia de teatro ou cinema ou quando um contingente de pessoas assiste a uma palestra. Os olhares (bom termômetro para a avaliação interacional) convergem para alguém ou algo que comanda a atividade (filme, peça, professor, palestrante, artista etc.). Todavia, mesmo sendo poucas as interações nessa configuração grupal, as atividades desse nível podem ser um começo de aproximação. Em minha experiência, constatei o surgimento de relacionamentos entre jovens e velhos a partir da situação em que se colocaram como colegas de turma em cursos ou oficinas culturais. Mesmo trocas de informação, breves e superficiais, sobre a atividade (ou até um bate papo no intervalo para o café) podem ensejar o início de um convívio. Em um centro cultural e esportivo, os espaços em que se dão tais encontros são inúmeros. Uma das crianças com quem conversei me contou sobre sua amizade com uma senhora que conheceu na piscina da instituição:

> *Eu fiz amizade com uma senhora que... nossa... eu fiquei muito tempo amiga dela. Só que ela não veio mais ao Sesc e eu não vi mais ela. Nos-*

> sa, quando a gente entrava na piscina, parecia que era avó e neta. Ah, eu lembro dela! Ela falava um monte de coisa... o nome dela era Luiza... Ela perguntava para mim sobre a minha mãe e eu perguntava para ela se ela tinha filhos, netos, essas coisas assim, e foi legal, foi muito legal mesmo (Marina, 11 anos).

Nessa nossa tentativa de classificação, há uma clara influência de uma geração sobre outra nas atividades de um segundo nível – cursos ou oficinas com conteúdos os mais diversos, em que adultos ensinam crianças (oficinas de "contação" de histórias ou de confecção de brinquedos, entre muitas outras). Apostando que as gerações mais jovens também têm o que ensinar às mais velhas, nas atividades que acompanhamos já houve aquelas em que os adolescentes repassaram conteúdos pouco familiares à "velha guarda", principalmente os que se referem a novas tendências da arte e da cultura, além de novas tecnologias. No projeto Internet Livre, do Sesc, em que adolescentes ensinaram os idosos a manipular computadores e a navegar na rede, em diversas ocasiões ocorreram episódios interessantes dessa natureza.

No terceiro nível, as interações tornam-se mais intensas e complexas. Há, no caso, mais trocas de conhecimentos práticos e teóricos e, principalmente, de experiências vividas. O tempo de convivência entre as gerações é uma premissa importante para o aprofundamento dos laços afetivos. Por isso, processos grupais de média e longa duração – como oficinas de teatro, entre outros grupos de interesse – podem dar oportunidade ao surgimento de trocas de vivências. Essas, por sua vez, constituem condição fundamental para o desenvolvimento da coeducação. Sempre que houver possibilidade de um trabalho construído coletivamente, é provável que a motivação vai se elevar, tendendo a ser mais intensas as interações e, por consequência, mais provável a emergência de uma coeducação efetiva.

CONDIÇÕES FACILITADORAS DA COESÃO DO GRUPO

No âmbito do lazer, ou do trabalho voluntário ou, ainda, em contextos de outra natureza, parece-me de vital importância considerar sob quais parâmetros as interações entre jovens e pessoas maduras podem ser potencializadas. Nas atividades intergeracionais, certas condições intensificam a relação entre jovens e pessoas maduras na perspectiva do desenvolvimento das trocas de experiências e do fortalecimento de laços afetivos – condições como: o estabelecimento de interesses comuns; o prazer proporcionado pelo lúdico em decorrência de suas características singulares; a predominância de relações igualitárias entre mais velhos e mais jovens; a suficiente duração do processo grupal e, portanto, do convívio para a formação de amizades; e a salutar iniciativa dos mais velhos para se aproximarem dos jovens.

A primeira das condições diz respeito à identidade de interesses dos participantes em relação às atividades compartilhadas. Em todos os integrantes do grupo, é imprescindível que haja motivação para a tarefa. Para isso, a possibilidade de se fazer algo de que se gosta deve ser sempre levada em conta. No cotidiano de centros culturais, as múltiplas atividades presentes permitem uma ampla gama na escolha de temas que se configurem como preferências comuns. Em minha vivência, encontrei inúmeras opções de interesses compartilhados entre jovens e velhos. Nas unidades do Sesc prevalecem oficinas de música e de teatro, além de atividades físicas com grupos intergeracionais, principalmente juntando idosos, adolescentes e crianças. Mas isso não necessariamente reflete apenas uma preferência dos participantes, embora sejam áreas, de fato, muito apreciadas. Talvez haja mais envolvimento de profissionais desses setores do que dos de outros.

A segunda é a de que a relação entre moços e pessoas maduras seja marcada pelo igualitarismo. Como enfatiza Paulo Freire, qualquer forma de dominação e opressão nas relações entre educando e educador inviabiliza processos verdadeiramente educacionais[1]. Se partirmos da premissa de que na informalidade do lazer pode vir a ocorrer, de fato, uma coeducação entre gerações, esta deve operar no sentido de favorecer o surgimento e a manutenção de um clima democrático no grupo intergeracional. Em trabalho anterior, discutimos a importância das relações igualitárias como condição fundamental para a viabilização de processos coeducativos entre jovens e velhos, advertência a ser sempre lembrada, em decorrência de uma certa "tendência" dos mais velhos a se sentirem no direito de dominar os mais novos[2]. Uma reflexão sobre quanto o autoritarismo é nefasto para todos nele envolvidos, sob quaisquer circunstâncias – seja na condição de opressor, seja na condição de oprimido –, está em Platão:

---

[1] Paulo Freire, *Pedagogia do oprimido*, 4. ed., São Paulo: Paz e Terra, 1977, pp. 37-38.
[2] José Carlos Ferrigno, *Coeducação entre gerações, op. cit.*

Pois o despotismo não é bom nem para aqueles que lhe são sujeitados, nem para aqueles que sujeitam, nem para eles, nem para os seus filhos, nem para os filhos de seus filhos. É, ao contrário, uma empresa sempre voltada ao desastre. Somente as almas cujo caráter é mesquinho e vil se lançam sobre tais vantagens, porque ignoram inteiramente o que é justo e bom para o futuro e para o presente, tanto entre os deuses, quanto entre os homens[3].

Todavia em nossa cultura, nas décadas mais recentes, parece que o grau de autoritarismo dos adultos sobre os jovens vem diminuindo[4], como afirmamos ao discutir os conflitos entre gerações na família e também na vida social mais ampla. É preciso deixar claro, no entanto, que não há qualquer garantia de que nós – ou as próximas gerações – não vivamos retrocessos em termos micro e macrossociais. Considerando, entretanto, o marco histórico dos anos 1960 e os movimentos de contestação da juventude, é possível perceber que houve um certo ganho nesse sentido. No que tange à questão do autoritarismo, ficou patente a diferença no relacionamento entre pais e filhos em inúmeras histórias que pude ouvir dos idosos. Esses idosos com os quais conversei, quando crianças não ouviam conversas de adultos, eram obrigados a se retirar quando chegavam visitas. Não discutiam as ordens paternas, só as obedeciam. Sofriam severas restrições de passeios, principalmente as moças, que, com muito esforço e ardil, clandestinamente se encontravam com o namorado ou conseguiam ir a um baile. Daí a importância de haver, nas atividades intergeracionais, um investimento para estabelecer um clima democrático por parte do coordenador do grupo, figura agregadora no processo de integração dos participantes.

A terceira condição, fundamental, é que as pessoas tenham tempo para se conhecer e criar laços afetivos. Atividades que permitem desenvolver um convívio mais intenso e mais extenso contemplam maiores chances de propiciar a aprendizagem recíproca. Pensamos, assim, na premissa de que a coeducação se tornará tanto mais efetiva quanto maior for a boa convivência entre as partes, uma condição necessária para o processo coeducativo que

---

3 Platão, "Carta aos amigos", *op. cit.*, p. 25.
4 Lembrando análise já feita, infelizmente, junto com a diminuição do autoritarismo, temos presenciado também a diminuição da autoridade dos pais, que parecem confusos quanto ao estabelecimento de limites a seus filhos, fato que pode gerar comportamento ora condescendente, ora tirânico.

pressupõe algum vínculo de identificação com o outro. Aprende-se melhor quando se gosta do professor, seja em contextos de educação formal, seja na informalidade das relações sociais. Em estudo anterior, pudemos constatar o florescimento e a consolidação da amizade entre professores do Sesc e seus alunos idosos em situações de longos anos de convívio[5]. Para se ter uma ideia da longevidade dessa convivência, lembro-me de uma senhora em um centro social do interior que me revelou quanto se sentiu orgulhosa, e muito, em participar do casamento de uma educadora do Sesc e que se lembrava do filho do casal ainda pequeno. Hoje esse filho já é um homem feito, passados mais de vinte anos de amizade entre a professora e a aluna.

Cabe, porém, um reparo: sabemos que, por si só, a convivência não garante interações mais intensas e produtivas. Antes, pode até agudizar os conflitos, principalmente quando o convívio é visto como compulsório, o que ocorre por vezes na família ou no trabalho, como referimos antes. Enriquecendo essa reflexão, Paulo de Salles Oliveira nos mostra que, mesmo quando há um convívio – quando, portanto, há a chance da comunicação –, por vezes não se alcançam significativas trocas de afeto e conhecimento, já que os ingredientes desse saber não são automaticamente repassados de uma pessoa para a outra, mas *"trabalhados na mente de quem acolhe e ingressam na vida dessa pessoa como uma conquista"* – por isso a simples coexistência não garante um bom entrosamento. E, completa o autor, "mesmo porque a coexistência poderia ajudar a elucidar ou a ratificar uma possível consciência não de união e sim de *oposição* entre as gerações"[6].

Uma quarta condição a ser considerada refere-se à iniciativa que os mais velhos precisam tomar para tornar possível aproximar-se de crianças e de adolescentes. Isso ocorre principalmente por serem, em nossa cultura, tão comuns e frequentes as relações de dominação dos mais velhos sobre os mais jovens, que estes tendem a interiorizar certo temor em relação à figura do adulto (decorrente de relacionamentos com pais e avós autoritários), e distanciam-se dela. Nesses casos, a iniciativa do adulto pode fazer a diferença. E mesmo quando não existe propriamente uma barreira mais forte entre o velho e o jovem, há outros atrativos que falam mais alto – o computador, a internet, os amigos, as baladas etc. –, e eles prestam pouca atenção aos

---

[5] José Carlos Ferrigno, *Coeducação entre gerações*, op. cit.
[6] Paulo de Salles Oliveira, *Vidas compartilhadas*, op. cit., p. 27; grifo meu.

idosos (e a quase tudo mais) ao seu redor. Um menino me disse que quase não conversa com a avó, porque fica no *videogame*, enquanto a avó trabalha em casa. *"Eu fico mais com ela, mas conversar, não converso muito porque eu fico mais jogando* videogame *sozinho lá na sala e ela... ou lavando roupa ou fazendo o almoço"* (Tadeu, 12 anos).

Pode-se atribuir responsabilidade ao computador e à TV pelo afastamento das gerações? Ouvi diversas avós reclamarem da desatenção de seus netos, dizendo que eles quase não conversam com elas, que estão sempre interessados em outras coisas, no centro delas o computador. Segundo elas, eles entram e saem, de casa ou do quarto, com um lacônico *"Oi, vó"* ou *"Tchau, vó"*, desaparecendo em seguida. Em minhas conversas com essas avós, questionei-as no sentido de saber o que *elas* faziam para se tornar mais interessantes para seus netos, procurando incentivá-las a tomar a iniciativa do contato, a buscar uma ponte de comunicação com a juventude. E, de acordo com outros relatos, várias avós conseguiram uma boa aproximação, principalmente aquelas que, em suas relações sociais, apreciam a convivência com os jovens. Em alguns casos, a influência positiva de programas intergeracionais repercutiu favoravelmente nas relações familiares, segundo algumas idosas participantes.

A EDUCAÇÃO DO EDUCADOR: O ESTRATÉGICO PAPEL DO ANIMADOR CULTURAL

A intensidade das mudanças de atitude e comportamento das gerações como resultado desse processo de interação depende, e muito, da habilidade do coordenador ou animador de tais grupos. Por isso, é preciso discutir o papel chave desempenhado por esse profissional na condução desses grupos. Algumas reflexões são possíveis com base em um exercício próprio de monitoramento de grupos que tive a oportunidade de conduzir e com base, também, em conversas e de alguns treinamentos direcionados a esses profissionais do lazer e da cultura.

Sabemos que, diferentemente de um ajuntamento provisório de pessoas, um grupo se caracteriza pela identificação de seus membros em torno de interesses e objetivos comuns. Para estabelecer um "espírito grupal", leva algum tempo. Não podemos, portanto, esperar processos mais intensos de interação logo nas primeiras reuniões. É claro que o papel do coordenador é fundamental no desenvolvimento da motivação dos participantes, mas, para que o grupo possa ganhar autonomia, esse profissional deve ir progressivamente "saindo de cena", para se colocar nos "bastidores", de onde poderá continuar servindo de guia e referência aos objetivos da ação grupal.

O animador cultural é, também, um profissional do lazer, mas não aquele que apenas administra à distância uma programação de atividades, e sim o que mantém um estreito vínculo com as pessoas beneficiadas por sua ação. Trata-se, portanto, de alguém que se reveste das características de um educador. Entretanto, embora possa dominar determinado assunto ou habilidade, ou seja, ainda que possa assumir um papel de transmissão de conhecimento prático ou teórico (característica sempre interessante), esse profissional deve idealmente funcionar mais como facilitador de processos educativos do que como um especialista no conteúdo da oficina. Sua habilidade maior deve ser a de aproximar e motivar as pessoas a interagir. Se preciso for, ele pode e deve contar com o apoio de um especialista da área em que as tarefas são desenvolvidas. Por exemplo, se a oficina é de fotografia, obviamente é decisiva a participação de um fotógrafo na condição de professor.

Essa é a posição de Geneviève Everarts, que descreve a orientação da *Entr'âges*[7], cujo objetivo é favorecer a criação de redes de solidariedade intergeracional no âmbito dos bairros. Segundo a autora, as atividades do referido projeto não são mais, em si mesmo, o objeto da animação, mas somente uma ferramenta, um meio para sustentar a relação a ser estabelecida entre os participantes. A animação, prossegue Geneviève, coloca-se em um esquema de continuidade, requer regularidade e duração, não tendo mais a ver com algo meramente ocupacional e pontual, postura que durante longo tempo caracterizou a animação cultural. Assim, a função do animador é, principalmente, a de mediador, apoiando e acompanhando um projeto[8].

Uma das experiências intergeracionais que acompanhei de perto foi uma oficina de canto coral envolvendo crianças e idosos. Como é comum acontecer em instituições culturais, os cursos e oficinas são, muitas vezes,

---

7 Associação comunitária, voltada à integração de jovens e idosos, com sede em Bruxelas, na Bélgica, da qual é coordenadora.
8 Geneviève Everarts, "Entr'âges et la solidarité à l'échelle du quartier", em Philippe Pitaud & Richard Vercauteren (Orgs.), *Intergénéracion en Europe: recherche et dinamisation de la cohésion sociale,* Toulouse: Erès, 1995, pp. 107-120.

dados por pessoal contratado por um breve período. Esse foi o caso. Ainda que conscientes de que a atividade em questão, além do aprendizado musical, também almejava a integração entre os participantes, os profissionais (professores de música) se preocuparam quase exclusivamente com a transmissão específica de conhecimentos musicais, deixando de lado o emprego de técnicas de dinâmica de grupo que poderiam estimular a interação entre as crianças e os idosos. Não lhes faltou boa vontade, mas sim formação adequada e, portanto, segurança para o trabalho de animação cultural.

Acompanhei outra oficina de canto coral, desta feita com uma composição multietária, de adolescentes a pessoas idosas, passando por adultos jovens. O resultado desse processo grupal foi oposto ao do anterior. Graças à habilidade do professor – que, além de possuir eficientes técnicas para ensinar pessoas leigas a cantar em grupo, ainda se mostrava preocupado em criar momentos de confraternização entre os alunos –, foi possível muita integração entre os participantes. Compareci a alguns desses encontros festivos e, durante os "comes" e "bebes" oferecidos, pude observar a grande descontração no congraçamento entre jovens e velhos. Os laços afetivos criados entre as diferentes idades nesse processo vêm se mantendo, já que a oficina prossegue, em diferentes locais, e constitui importante ponto de encontro entre gerações.

Para melhor conhecer os integrantes, cabe, pois, ao educador um importante desafio: o acompanhamento da vida do grupo, tanto em suas atividades "oficiais" quanto em outros momentos de interação. É importante ressaltar que "trabalho cultural" se traduz em "envolvimento pessoal", se possível com paixão pela possibilidade de transformar "corações e mentes". Algo oposto, portanto, a um atendimento formal, distante e burocrático, caracterizado apenas pela administração de uma grade de cursos e um calendário de eventos.

O olhar atento do educador experiente em atividades intergeracionais é fundamental para a resolução de problemas como a diferença de ritmo e velocidade entre jovens e velhos, questão que analisamos em vários momentos desta pesquisa e que, como vimos, pode gerar conflitos e inviabilizar uma atividade. Ronaldo, professor de educação física, explica que as crianças de seus grupos não se frustram por precisar serem "mais lentas" em atividades com idosos, porque ele programa atividades mais intensas antes, exclusivas para os pequenos. Quando se encontram com os idosos, as crianças já gastaram muita energia. Estratégias simples como essa vão surgindo da prática e do envolvimento do professor com seus alunos. Ronaldo mostra, ainda, como a atividade pode ser prazerosa para todos os envolvidos, independente da idade, já que cada um atua em seu ritmo e seu limite de *performance*:

> *A criança não vai ficar frustrada por ter que fazer as coisas mais devagar porque ela não participa apenas do projeto Gerações; ela tem outras atividades no Sesc. E ela já sabe que aqui as coisas são mais lentas. E eu acho que as crianças tanto passam a apreciar essas atividades mais lentas quanto passam também a curtir a companhia dos idosos. Por exemplo, elas adoram jogar xadrez com os idosos. Elas curtem também pular na cama elástica com o pessoal da terceira idade. Só que o idoso pula menos, enquanto a criança pula trinta centímetros; o idoso pula dez, mas esses dez centímetros que o idoso pula... você não tem noção do efeito positivo produzido nessas pessoas! Uma senhora me falou: "Eu só olhava os meus netos brincarem na cama elástica, eu não sabia que eu podia subir nesse negócio aí! É muito divertido"* (Ronaldo, 47 anos, educador).

A partir do embate de opiniões e do estabelecimento democrático das regras de funcionamento do próprio grupo, o processo grupal enseja transformações de atitudes e valores, e nunca é demais enfatizar sua importância. Nossa sociedade distancia as gerações, e tal distanciamento fomenta o preconceito etário manifestado pela intolerância e incompreensão entre velhos e moços. Apenas o convívio e a construção de algo em comum podem reverter esse quadro de exclusão e alienação. Em 2001, tive a oportunidade e o privilégio de cursar uma disciplina – A diferença e o diferente –, ministrada pela saudosa professora Lígia Assumpção Amaral, do Instituto de Psicologia da USP. Certa feita, perguntei a ela qual a forma de combate mais efetivo contra o preconceito ao "diferente" (aliás, creio podermos dizer que o preconceito sempre é dirigido a alguém portador de uma pretensa diferença ou um estigma). Lígia – ela mesma uma "diferente", em decorrência de uma deficiência física – não hesitou e foi definitiva: através da convivência com os chamados "normais". Dessa lição, tirei a certeza da importância em insistir na criação de alternativas de convivência entre pessoas e grupos cuja relação é marcada pela estranheza, agressão ou indiferença.

8. Indagações finais sobre o futuro das relações intergeracionais

Embora ao longo dos séculos tenham se perdido muitos detalhes da convivência entre grupos etários nas sociedades do passado, as informações que nos chegaram permitem perceber, de uma cultura para outra, grande variação de comportamentos na interação entre velhos e jovens. Pesquisadores, como Philippe Ariès, nos revelam como eram diferentes a posição social da criança e a configuração das relações familiares na sociedade medieval e no início da modernidade.

Vimos que, até o advento da sociedade moderna, não havia na cultura europeia uma noção de geração, tal como a temos hoje. Desconhecia-se a segregação geracional em espaços sociais exclusivos – crianças e adultos misturavam-se nas atividades cotidianas. Ariès nos revela que, até o século XVIII, confundiam-se as fases da infância e da adolescência: nas escolas, empregavam-se indistintamente as palavras latinas *puer* e *adolescens*. Isso é visto em documentos de alunos, nos quais um jovem de 15 anos é descrito como um *bonus puer*, enquanto outro, mais novo, de 13 anos, é tido como *optimus adolescens*[1].

É importante observar, todavia, que a variação nos padrões do relacionamento intergeracional não se dá somente ao longo da história. No planeta que habitamos, as condições da vida humana são muito diversificadas e desiguais, e mesmo a globalização econômica e cultural não conseguiu

---

1 Philippe Ariès, *História social da criança e da família*, Rio de Janeiro: Zahar, 1981, p. 41.

aplainá-las. Hoje, se traçarmos um panorama geográfico do relacionamento intergeracional, veremos que assume formas distintas nas cidades grandes, nas cidades pequenas ou no meio rural. Diferentemente do anonimato que caracteriza as metrópoles, as relações são facilitadas nas cidades menores, seja porque muitos jovens e velhos já se conhecem de outros lugares, seja às vezes, porque têm algum grau de parentesco, ou, ainda, porque os jovens são filhos de amigos do idoso. Nessas comunidades, os jovens são identificados através de seus pais, muitos deles conhecidos ou até amigos dos mais velhos. Esse fato facilita o desenvolvimento da amizade dos idosos com esses jovens. Como percebemos neste depoimento:

> "Quando algum jovem fala: 'Oi, seu Manoel', eu procuro saber o nome do pai dele, porque como eu não convivo muito com o rapaz, eu acabo esquecendo. Aí o moço me fala: 'Ah, quando eu tinha seis anos eu ia no seu açougue comprar carne pra minha mãe'. Aí eu vou ligando e descubro com quem estou falando. Então, aquela amizade que eu tinha com os pais dele, passo a ter com ele também. Eu faço questão de cultivar esse bem-estar. Eles são filhos dos meus amigos, dos amigos que foram fregueses do meu açougue há 20 anos; eu trabalhei em açougue durante 38 anos. Então, muita gente me conhece, mas não dá pra decorar o nome de todos. Então, eu pergunto sobre o pai da pessoa e daí já entroso uma conversa"[2].

Alguns imperativos econômicos do capitalismo – a criação de polos industriais, ampliação de esquemas de escoamento de mercadorias, exploração de riquezas naturais, entre tantos outros motivos – fazem com que determinadas cidades cresçam desmesuradamente. Então as possibilidades de contato cotidiano entre as pessoas se veem muito dificultadas. Sabemos que as conversas com os vizinhos, com os comerciantes, com os trabalhadores urbanos (carteiros, coletores de lixo etc.) previnem o isolamento, principalmente dos velhos e dos aposentados, produzindo a sensação de pertencer a um coletivo. As cidades pequenas ainda conservam algumas dessas características, algo benéfico para todas as gerações e para o convívio entre elas. Uma pesquisa sobre idosos da região da Catalunha, Espanha, constatou a baixa frequência de contatos entre jovens e velhos, mas destacou o com-

---

2 Depoimento de Manoel, *apud* José Carlos Ferrigno, *Coeducação entre gerações, op. cit.*, p. 218.

portamento de idosas que, em suas saídas diárias ao mercado, estabelecem um contato intergeracional descontraído e até divertido com vendedores em geral[3]. O mesmo ocorre no Brasil: um passeio em uma feira livre bem demonstra essa interação agradável entre idosos e vendedores, a ponto de sentirem reciprocamente as ocasionais ausências de um ou outro.

De modo geral, porém, neste mundo apressado em alcançar o futuro, as relações humanas não permitem tempo para o ato de "conversar por conversar". Enfatizando a arte da narrativa, Walter Benjamin, já em 1936 (proféticas observações), lamentava a quase extinção da capacidade de contar histórias, em um mundo que privilegiava a informação, dispensando a capacidade crítica do ouvinte:

> O narrador não está de fato presente entre nós, em sua totalidade viva. Ele é algo distante, e que se distancia ainda mais [...] São cada vez mais raras as pessoas que sabem narrar devidamente [...] É como se estivéssemos privados de uma faculdade que nos parecia segura e inalienável: a faculdade de intercambiar experiência. Se a arte da narrativa é hoje rara, a difusão da informação é decisivamente responsável por esse declínio. A cada manhã recebemos notícias de todo o mundo. E, no entanto, somos pobres em histórias surpreendentes. A razão é que os fatos já nos chegam acompanhados de explicações[4].

Grande seria a decepção de Benjamin com um mundo como o nosso, sem espaço para a imaginação, desinteressado do passado, de grande volatilidade de valores, de consumismo desenfreado, em que tudo se torna descartável, efêmero, inútil. A essa desfiguração do espaço urbano – e com ele das relações humanas, resultante, entre tantas outras causas, do crescimento exagerado das cidades – Simone Weil identifica outros fatores que geram um fenômeno de alienação social que chamou de *desenraizamento*. Para a autora, o *desenraizamento* significa a quebra das raízes culturais que promovem no indivíduo a sensação de pertencimento a uma comunidade. Por desrespeitarem diretamente as tradições e impedirem o acesso a novos conhecimentos, os movimentos migratórios, o desemprego e a opressão

---

3 Josep Fericgla, *Envejecer: una antropología de la ancianidad*, Barcelona: Anthropos, 1992, pp. 183-185.
4 Walter Benjamin, *Magia e técnica, arte e política. Ensaios sobre literatura e história da cultura. Obras escolhidas*, 1, 7. ed., São Paulo: Brasiliense, 1994, pp. 197 e 203.

cultural alienam o sujeito de seus vínculos com as coisas e com as pessoas que fizeram parte de sua história.

A condição oposta a essa é magistralmente explicitada pela mesma Simone Weil em seu conceito de *enraizamento*: "O enraizamento é talvez a necessidade mais importante e desconhecida da alma humana. O ser humano tem uma raiz por sua participação real, ativa e natural na existência de uma coletividade que conserva vivos certos tesouros do passado e certos pressentimentos do futuro"[5]. A interação entre um jovem e um velho pode promover o enraizamento de ambos. Ouvindo narrativas dos mais idosos de uma comunidade, os jovens podem conhecer mais profundamente sua história e a história de sua gente e, assim, realizar escolhas mais conscientes para sua vida futura. Para os velhos, esse contato faz com que se sintam mais vivos, menos nostálgicos e mais presentes na família e na sociedade.

Ainda que exista uma cultura global, obtida principalmente pela difusão planetária da informação, via TV e internet, a qualidade dos relacionamentos entre as gerações – assim como a das relações humanas de modo geral – depende, é claro, das especificidades culturais existentes no mundo moderno. Provavelmente a intergeracionalidade assuma contornos muito próprios no ocidente e no oriente não ocidentalizado (refiro-me aos países teocráticos do Oriente Médio ou a nações mais fechadas do Extremo Oriente, como a Coreia do Norte). Diferenças culturais como as presentes entre países de tradição anglo-saxã e países de origem latina, ou entre comunidades africanas e sociedades indígenas da América do Sul, continuarão a instigar pesquisadores a tentar entender os vários modos de comunicação entre as gerações. Para exemplificar essa multiculturalidade do mundo contemporâneo – e a etnia, outro fator diferenciador –, Philippe Ariès nos lembra que uma criança pequena, no mundo globalizado, é capaz de dizer ou mostrar com gestos os seus dois anos de idade, enquanto em certas comunidades da África nem os adultos fazem uma ideia exata de quantos anos têm[6]. Tal fato, no entanto, não deve nos levar, por uma visão etnocêntrica, a ver aí um "atraso cultural". Coletividades humanas escolhem caminhos obedecendo a outras lógicas de organização social, sobre as quais, aliás, temos muito a aprender.

---

5 Simone Weil, *A condição operária e outros estudos sobre a opressão*, 2. ed. rev., trad. Therezinha Gomes Garcia Langlada, seleção e apresentação Ecléa Bosi, São Paulo: Paz e Terra, 1996, p. 411.

6 Philippe Ariès, *História social da criança e da família*, op. cit., pp. 29-49.

As pesquisas de Oliveira e de Barros[7] nos mostram, respectivamente, que as relações intergeracionais também variam com a classe social, tendo o relacionamento entre avós e netos, nas classes populares, características diferentes da mesma relação existente nas classes médias. Outro fenômeno de classe social a configurar de modo muito próprio a relação entre crianças e adultos é verificado no "confinamento" das crianças de classe média, promovido pela escola e pela família, visando "protegê-la" da violência urbana, o que, por vezes, pode também querer dizer: afastá-la dos pobres.

A verdade é que, na chamada Modernidade, atravessamos todo um período em que prevaleceu o racionalismo da ciência, engendrando uma obsessão classificatória dos fenômenos da natureza e da cultura. Somos todos tributários dessa tradição racionalista e, por isso, devidamente numerados e classificados. Nos documentos que devemos obrigatoriamente portar – por questões de segurança, de viagens, de compras, de acesso a certos lugares etc. –, está registrada nossa identificação. Para cada fase de nossa existência, a cronologização da vida humana, a segmentação do ciclo vital e as normas e expectativas de conduta estão inseridas nesse contexto, e tão fortemente arraigadas nele que nem sequer as percebemos nem, muito menos, as estranhamos.

Nos anos 1960, os movimentos sociais deflagraram importantes mudanças de valores e comportamentos, inclusive na indumentária das gerações. E aqui utilizamos esse exemplo relativo ao modo de vestir porque as roupas das pessoas têm nos informado sobre uma progressiva indiferenciação das idades e dos gêneros. Não somente homens e mulheres atualmente se vestem de modo parecido, mas também jovens e velhos. É claro que, acompanhando a indiferenciação das roupas, há uma aproximação de valores e comportamentos. Curiosa situação essa que vivemos, em que mais velhos querem parecer mais jovens, enquanto crianças e adolescentes se esforçam para obter um visual de pessoas mais velhas. As meninas – equivocadamente estimuladas pela mídia e, muitas vezes, por suas próprias mães – se vestem como mulheres em miniatura, num processo de precoce erotização de comportamento. Como resultado desses fenômenos, temos gerações com aparência menos desigual do que a existente no passado, a começar pelo figurino, mas principalmente por sua identificação com padrões de consu-

---

7 Trata-se de Paulo de Salles Oliveira, *Vidas compartilhadas*, op. cit.; e de Myriam Lins de Barros, *Autoridade e afeto*, Rio de Janeiro: Jorge Zahar, 1987.

mo impostos pelo capital. Não mais existem rituais de passagem da infância para a vida adulta, sendo mais tênues as fronteiras demarcatórias das fases do ciclo vital. Por exemplo, quase não se fazem mais bailes de debutantes, ocasiões em que, ao apresentarem suas filhas à sociedade, veladamente as famílias as ofereciam para casamento.

No início, analisamos os discursos das ciências da saúde e de setores empresariais que incentivam os velhos a adotar um estilo de vida parecido com o dos jovens. Como consequência, constatamos que aquela figura provecta, sisuda e contida de um "velho de 50 anos" – presente nos romances de Machado de Assis e no imaginário popular de décadas passadas – contrasta não só com a representação, mas também com o comportamento de idosos do século XXI que voam de asa delta e praticam outros esportes radicais. É bem verdade, no entanto, que grande parte dos velhos tem uma vida bem mais comedida e, muitas vezes, dificultada por doença, pobreza e solidão. Mas há novas imagens de velhice circulando e criando uma nova mentalidade.

Para vários autores[8], estaríamos vivenciando um momento de *"apagamento dos comportamentos tidos como adequados às diferentes categorias de idade"*, *"uma descronologização da vida"*, *"um embaçamento das gerações"*. Nestes novos tempos, tanto na vida real como (e principalmente) no mundo virtual, é possível criar ou experimentar novas sexualidades e identidades etárias. Nos relacionamentos pela internet, um homem pode se fazer passar por mulher e vice-versa. Um velho por um jovem ou um jovem por um velho.

Analisando as transformações da identidade social, ao comentar a volatilidade de valores, atitudes e comportamentos na chamada pós-modernidade, Zygmunt Bauman usa a expressão "liquidez das coisas"[9]. Estará, então, havendo com a identidade etária algo semelhante? Uma "confusão das idades", reflexo das múltiplas oportunidades de escolha de estilos de vida? Em que medida as mudanças de comportamento na velhice (determinando uma

---

8 H. R. Moody, "Overview: what is critical Gerontology and why is it important?", em T. R. Cole *et al.* (orgs.), *Voices and visions of aging: toward a critical Gerontology*, Nova York: Springer, 1993, pp. 19-40; Thomas Held, "Institutionalization and deinstitutionalization of the life course", *Human Development*, Denver: 1986, vol. 29, n° 3, pp. 157-162; e, ainda, Jean-Pierre Boutinet, "Face aux défis d'une culture posindustrielle, l'adulte en question(s)", *apud* Guita Debert, *A reinvenção da velhice: socialização e processos de reprivatização do envelhecimento*, São Paulo: Edusp / Fapesp, 1999, p. 19.

9 Zygmunt Bauman, *Identidade*, Rio de Janeiro: Zahar, 2005, pp. 69-77.

nova identidade de velho), a crescente proximidade entre as gerações (embora ainda incipiente, mas já notada em determinados contextos) alteram a chamada identidade de velho e de jovem? Nesse novo contexto de mudanças da identidade etária, de que modo podemos situar o conflito e a cooperação entre gerações? É possível que a reaproximação das gerações passe pela redefinição das identidades etárias, sendo realmente causa e consequência dessa ampla transformação de valores, atitudes e comportamentos. O que se espera é que o resultado desse processo favoreça o desenvolvimento do respeito e da solidariedade entre pessoas de todas as idades.

Aqui, a família se mostrou como o principal cenário de conflitos – fato compreensível, se levarmos em conta a proximidade física da coabitação –, mas também um espaço em que mais frequentemente surgem esquemas de cooperação e solidariedade. A compreensão da gênese e da dinâmica dos conflitos familiares, com vistas à superação, foi e prossegue sendo objetivo das ciências sociais, sobretudo da psicologia. A família mudou e com certeza vai prosseguir se transformando. Até algumas décadas, constituía-se como espaço de autoridade, obediência e obrigação. Num passado mais recente, seu norteador predominante tem sido o binômio liberdade e responsabilidade, mas, se necessário for, os pais podem recorrer a expedientes mais repressivos para impor sua vontade[10].

Daquilo que se convencionou denominar conflito de gerações, constatamos que os mais emblemáticos são os problemas de relacionamento entre pais e filhos. Mas, ainda no âmbito familiar, também as relações entre avós e netos podem assumir feições problemáticas; se não de conflito aberto, ao menos de tensão e afastamento. Afortunadamente, porém, sempre há um outro lado: ouvi relatos comoventes de adultos que guardam doces lembranças de seus avós, assim como de crianças que, no presente, vivem momentos de muito afeto com seus velhos. Vimos algo dos conflitos intergeracionais presentes em outras relações familiares, como entre irmãos maiores e menores, e entre filhos já idosos e pais já em idade bem avançada.

Sabemos, entretanto, que a organização familiar tem acompanhado um movimento progressivo de liberalização de costumes e, por isso, além da

---

10 Delia Goldfarb & Ruth Gelehrter da Costa Lopes, "Avosidade: a família e transmissão psíquica entre gerações", em Elizabete Viana de Freitas et al., *Tratado de geriatria e gerontologia*, 2. ed., Rio de Janeiro: Guanabara Koogan, 2006, p. 1376.

composição tradicional de pai, mãe e filhos, se apresenta sob múltiplas formas. Como as separações conjugais são mais frequentes, e aceitas, nos novos casamentos é comum que se agreguem filhos de casamentos anteriores. Há também um número crescente de casais sem filhos, por opção, por impossibilidade biológica ou econômica. A sociedade tem se mostrado cada vez mais tolerante a casais do mesmo sexo que adotam crianças. Há crianças que são criadas somente por um dos genitores, enquanto outras são cuidadas pelos avós. Diante dessa variedade de estruturas familiares, os conflitos, assim como os esquemas de cooperação, podem se apresentar sob formatos diversos. Por isso, há um extenso campo de pesquisa a ser explorado.

A maior permissividade na relação pais e filhos – ou seja, a educação menos repressiva que se constata em nossos dias – faz com que vários autores considerem o conflito de gerações como algo que vem se apresentando de modo progressivamente mais atenuado em nossa sociedade. O *Jornal da Tarde*, atualmente fora de circulação, publicou uma pesquisa do Instituto Brasileiro de Análises Sociais e Econômicas (Ibase) e do Instituto Pólis, com 14 mil pessoas, jovens e adultos de seis países da América Latina, inclusive do Brasil. A investigação apurou que pais e filhos tendem a concordar sobre temas polêmicos, como a legalização da maconha, o aborto, a pena de morte e o homossexualismo. Nessa mesma matéria, Regina Novaes, antropóloga do Ibase, declara haver "menos pontos conflitantes e a tendência é de que eles desapareçam na medida em que os jovens nascidos em uma sociedade mais aberta ao diálogo e à diversidade criem seus filhos sob os mesmos princípios"[11]. Segundo a socióloga Helena Abramo, do Instituto Pólis e coordenadora do estudo no Brasil: "Criamos estereótipos como o de que jovens seguem tendência libertária, e os velhos, conservadora. Mas não há mais tanta diferença em termos de valores e opiniões"[12].

Para algumas pessoas, diante de notícias como essa, as tendências apontam para um futuro marcado por maior aproximação das gerações. Outras se arriscam a vislumbrar um futuro sem conflito de gerações – posição, no meu entendimento, apressada, na medida em que o conflito é fundante e

---

[11] Regina Novaes, *apud* Adriana Carranca, "Conflito de gerações ficou no passado", *Jornal da Tarde*, São Paulo, 14 de junho de 2009. Também em <http://txt.jt.com.br/editorias/2009/06/14/ger-1.94.4.20090614.7.1.xml>,16 jul. 2009.

[12] Helena Abramo *apud* Adriana Carranca, "Conflito de gerações ficou no passado", *op. cit.*

constitutivo do psiquismo humano e, como vimos, se expressa tanto internamente ao indivíduo quanto em suas relações interpessoais. E é salutar que assim seja, pois o conflito é motor de mudanças, que podem ser positivas, ao promover melhores condições de vida para todos. Para isso, constatamos a necessidade de que o conflito não seja negado, mas trabalhado corajosamente pelo diálogo, evitando que descambe em violência e destruição.

Nas áreas do lazer, da cultura e do voluntariado, a proliferação de projetos intergeracionais pode corresponder a uma tendência crescente de aproximação entre as gerações (ou de reaproximação, se quisermos, considerando momentos do passado em que essa relação foi mais intensa). Tais iniciativas se baseiam na riqueza das trocas afetivas e de experiências entre jovens e idosos. Essas experiências de aproximação entre mais jovens e mais velhos, ou seja, entre gerações diferentes, têm apontado um caminho interessante para o arrefecimento do preconceito etário. É possível que visões reciprocamente estereotipadas possam se dissipar ou, ao menos, diminuir através do convívio.

Nos depoimentos recolhidos, constatamos que os idosos com oportunidade de desenvolver atividades com adolescentes passaram a vê-los como pessoas capazes e responsáveis. Por seu lado, os adolescentes constataram a capacidade de realização dos idosos, ao invés de considerá-los como seres decadentes. Em determinados encontros dos quais participei, ocorreu uma admiração mútua. Relembro uma das condições que penso ser indispensável para um resultado assim tão bem-sucedido: a do igualitarismo, condição sem qualquer forma de opressão. Ecléa Bosi traduz muito bem o que quero expressar a respeito, quando nos ensina: "Quando duas culturas [no caso, a do velho e a do jovem] se defrontam, não como predador e presa, mas como diferentes formas de existir, uma é para a outra como uma revelação"[13]. E uma revelação é algo que nos acrescenta, que, sem imposição, nos modifica, por nos dar a oportunidade de incorporarmos os novos conhecimentos ao nosso universo cultural sem destruí-lo.

É pertinente, aqui, uma breve observação sobre a importância de se preparar para o envelhecimento, mas sem cair no receituário "genérico" de como envelhecer bem, pois esse coloca no indivíduo praticamente toda a responsabilidade por seu próprio bem-estar, deixando à sombra os determinantes

---

13 Ecléa Bosi, *O tempo vivo da memória: ensaios de psicologia social*, São Paulo: Ateliê, 2003c, pp. 175-176.

socioeconômicos que engendram as dificuldades da velhice. Essa preparação deve começar desde cedo, na convivência com os avós e outros velhos. Algumas escolas de ensino fundamental criam encontros entre avós e netos. E há o trabalho voluntário, que aproxima adolescentes e velhos, assim como o lazer. Isso quer dizer que a preparação para a velhice implica uma convivência desde tenra idade com os velhos. Claro que passa também pela informação do que ocorre nessa fase da vida, a fim de que se desenvolva uma consciência crítica de limites e possibilidades. De resto, viver uma vida plena, com coragem para o enfrentamento das vicissitudes humanas, talvez seja o caminho que nos permita sentir a incorporação das experiências vividas. Como, quem sabe, se sentia Cora Coralina, a saudosa poeta de Goiás Velho que, ao ser perguntada por uma repórter sobre qual era sua idade, Cora respondeu: "Eu tenho todas as idades dentro de mim, a da menina, a da moça e a da velha".

Em estudo anterior, refletimos sobre as possibilidades de uma coeducação entre gerações, ao observarmos cenas de trocas de conhecimentos em atividades de lazer e ao ouvirmos os relatos desses protagonistas. A percepção das potencialidades do lúdico como ambiente estimulante para esse processo recíproco de aprendizagem ensejou a criação de uma programação intergeracional no Sesc. O acompanhamento desse trabalho criou, por sua vez, a necessidade de uma segunda reflexão sobre os caminhos possíveis para a superação das dificuldades de integração entre jovens e velhos.

Daí surgiu a ideia de uma pesquisa sobre conflitos. Em observações diretas do comportamento de crianças, adolescentes e adultos em situação de jogos, de brincadeiras, de ensaios musicais e teatrais, de debates sobre variados temas etc., verificamos quanto as atividades culturais e esportivas podem integrar gerações. É preciso reconhecer, todavia, que o poder do lazer para superar conflitos é limitado. Assim como os conflitos de classe, de etnia e de gênero, o conflito de gerações possui raízes históricas profundas e complexas, a serem consideradas e vencidas. Como vimos, a própria ideia de conflito de gerações é polêmica, já que ele pode ser, principalmente, um desdobramento de outros conflitos mais gerais, como o de classe.

De qualquer modo, a relevância de refletirmos sobre o conflito etário está na possibilidade de que, através dele, se possa levantar o véu que recobre problemas estruturais de nosso sistema social, problemas que dificultam o relacionamento humano, como assinala Foracchi:

O conflito de gerações representa, em essência, a pesquisa de novas alternativas de vida social, de novos caminhos que se abrem para a sociedade sem que os agentes humanos possam se dar conta dos rumos definitivos que a nova forma de vida social venha a assumir, sem que estejam aptos a prefigurar como será a ordem social cuja emergência é tão intensamente sofrida[14].

Os caminhos que podem nos levar à superação dos estragos produzidos pelas desavenças exacerbadas geradas pelo individualismo que marca nosso tempo são iluminados por reflexões como as de Hannah Arendt. Ela nos ensina que, na história humana, há uma tradição de estabelecer pactos, e que essa tradição decorre de nosso desejo de conviver com outros na ação e no discurso. Para ela, a possibilidade do estabelecimento de acordo entre os homens reside em sua faculdade de perdoar e prometer. Diante da irreversibilidade da ação humana, ou seja, diante da impossibilidade de se desfazer o que foi feito, Arendt mostra que a única saída possível reside no perdão, ideia de difícil assimilação no meio intelectual, observa a filósofa, dadas suas conotações religiosas. Já para o problema da imprevisibilidade da ação humana e da incerteza quanto ao futuro, a solução está na faculdade de prometer, conceito incorporado à esfera da política desde os antigos gregos e romanos. Perdoar e prometer são atitudes cuja existência só é possível quando dirigidas ao outro. Não são, portanto, atos solitários. Pressupõem sempre uma interação social, um pacto, uma aliança. Ao nos revelar o que há de comum entre o perdão e a promessa, e o poder de mudança que abrigam, Arendt nos diz:

> As duas faculdades são aparentadas, pois a primeira delas – perdoar – serve para desfazer os atos do passado, cujos "pecados" pendem como espada de Dâmocles sobre cada nova geração; a segunda – obrigar-se através de promessas – serve para criar, no futuro, que é por definição um oceano de incertezas, certas ilhas de segurança, sem as quais não haveria continuidade, e menos ainda durabilidade de qualquer espécie, nas relações entre os homens[15].

Assim, no perdão e na promessa, há possibilidade de um novo começo, um novo nascimento, com a alegria do surgimento das novas gerações. Ao

---

14 Marialice Foracchi, *A juventude na sociedade contemporânea*, São Paulo: Pioneira, 1972, p. 32.
15 Hannah Arendt, *A condição humana*, 10. ed., Rio de Janeiro: Forense Universitária, 2003, p. 249.

defender o recurso do perdão e da promessa para viabilizar a ação política, Arendt revela sua esperança, sua fé na democracia, na possibilidade de entendimento entre os homens. Entendimento que, de seu ponto de vista, não nos parece com algo sempre harmonioso, sem conflitos, não. A utopia arendtiana parece ser a de um mundo onde prevalece a vontade do entendimento e, com ele, a liberdade. Quanto à importância da ação política sobre o mundo para o relacionamento entre as gerações – para Arendt, a esfera pública das relações sociais –, encerramos com uma reflexão dessa grande pensadora:

> O mundo comum é aquilo que adentramos ao nascer e que deixamos para trás quando morremos. Transcende a duração de nossa vida tanto no passado quanto no futuro: preexistia à nossa chegada e sobreviverá à nossa breve permanência. É isso o que temos em comum não só com aqueles que vivem conosco, mas também com aqueles que aqui estiveram antes e aqueles que virão depois de nós. Mas esse mundo comum só pode sobreviver ao advento e à partida das gerações na medida em que tem uma presença pública. É o caráter público da esfera pública que é capaz de absorver e dar brilho através dos séculos a tudo o que os homens venham a preservar da ruína natural do tempo[16].

---

16 *Idem, ibidem*, p. 65.

ANEXO 1

UMA EDUCADORA RELATA UMA ATIVIDADE ENTRE ADOLESCENTES E IDOSOS

A gente estava desenvolvendo com os adolescentes um projeto que se chamava "São Paulo, uma história de amor" e no meio desse projeto eles queriam falar um pouco mais de São Paulo, conhecer um pouco mais as pessoas que moram em São Paulo há mais tempo. E aí surgiu a ideia de trocar correspondência com o pessoal da Terceira Idade. Foi uma atividade muito legal pelo fato de eles estarem escrevendo essa comunicação via carta, que hoje já é tão pouco utilizada, e também a intimidade mesmo que eles foram criando nessa troca de correspondência com os idosos e que culminou num encontro das gerações. Eles participaram de uma vivência e a adesão foi muito boa. As cartas eram incríveis... tinha um senhor, ele era muito dedicado aos adolescentes... na primeira correspondência que eles fizeram, eles vinham perguntar "como é que a gente começa?" porque eles, os adolescentes, são uma geração MSN (messenger), de mensagem via internet; eles escreviam as palavras todas abreviadas (ri) eles não começam com "querido", "caro"... não sabem como começar uma carta. E na primeira correspondência, eles explicavam o projeto em que eles estavam trabalhando. Explicavam o que eles já haviam feito nesse tema e explicavam também as dúvidas que eles queriam saber... se a pessoa morava há muito tempo em São Paulo, em que bairro, como era esse bairro, se tinha muita mudança. Então, uma das cartas era para esse senhor, e ele chegou até a mandar a planta da casa dele! Ele desenhou como era a rua, ele mandava desenhos! Era incrível! As cartas dele eram lindíssimas. Ele mandava desenhos anexados às cartas, sabe? Ele é uma figura muito especial, chegou a mandar presentes para os adolescentes, presentes assim: desenhos, poesias de São Paulo antiga. Teve uma senhora que se comunicou com um adolescente, que foi muito emocionante porque esse menino é muito especial, ele foi perguntando e ela foi contando... foi um ano muito difícil para essa senhora, ela tinha perdido um filho com vinte e poucos anos... então, olha o grau de intimidade que foi tendo essa relação... nem a gente esperava.... (Vera, 38 anos, educadora do Sesc).

ANEXO 2

UMA SENHORA RELATA O BEM QUE O ENCONTRO COM CRIANÇAS LHE PROPORCIONOU

Por sugestão de uma amiga, resolvi dar uma olhada no Sesc Gerações. Fui, entrei, perguntei se poderia participar. Quando eu entrei, eu senti... Estavam todas as crianças... Eu senti subir um calor, que foi me esquentando dos pés à cabeça... Eu pensei: "Meu Deus, eu acho que encontrei o que preciso para sair dessa!". Quando nós fizemos a dança circular, nós demos a mão, eu tremia... E pensei: "Ah, encontrei!". Eu tinha que achar um lugar onde eu ficasse meia hora, sem pensar na minha doença, porque eu não conseguia tirar o câncer do pensamento. Eram 24 horas pensando... Eu pensei se eu ficasse meia hora sem pensar em cada dia, eu iria melhorando. E quando nós nos demos as mãos foi aquela corrente positiva... eu pensei: "Chegou a minha hora e eu vou aproveitar!". Era uma corrente de energia de crianças e idosos emanando para mim. Eu falei: "Eu vou conseguir". E consegui. O Sesc Gerações me ajudou. Voltei a ser não o que era, mas o que eu sempre quis ser. Hoje, eu sou eu, eu faço o que eu quero, na hora em que eu quero. Hoje, eu converso com todo mundo, sou alegre, eu danço, parece que eu consegui a libertação. Então, o Sesc Gerações é a energia que eu sugo, é a energia maravilhosa daquelas crianças. Você nem imagina como é, viu? Eu, quando chego ali na porta, eu rezo: "Que Deus abençoe essas crianças e que leve essa energia para a família delas". Eu recebi tanta energia, nossa, foi demais! Há quatro anos eu participo desse grupo (Jussara, 75 anos).

ANEXO 3

**AS IMPRESSÕES DE UMA PROFESSORA SOBRE O RITMO
E A VELOCIDADE DOS JOVENS E SUAS CONSEQUÊNCIAS
PARA O RELACIONAMENTO COM OS ADULTOS**

Acho que essa questão do tempo também pode dar em conflito... a gente está administrando e vivendo esse tempo da comunicação, do virtual, é tudo muito rápido... os e-mails, os chats, é tudo muito instantâneo... é uma coisa do contemporâneo... mas isso entra em conflito com outro estilo de vida, de pensar, que é da nossa geração. Aí a gente diz: "Ah, isso é vazio...". Não é que seja vazio, é diferente... eu sou de uma geração que lia manual de instrução para ligar qualquer equipamento! Os jovens não precisam... a relação deles é com o aparelho eletrônico, não é com o que está escrito sobre ele, eles vão direto! Isso é bom ou ruim? Quisera eu ter essa habilidade de sacar os mecanismos! isso é muito positivo! Mas, por causa dessa velocidade, eu acho que fica difícil essa aproximação. O adolescente tem um ritmo mais acelerado... e ele precisa ser assim porque senão não sobrevive nesse mundo. Mas, se ele não tiver um espaço dentro dele para desacelerar e se os mais velhos não tiverem dentro deles também um espaço para acelerar um pouco, não "rola", porque são ritmos completamente diferentes... essa moçada está em outra, são capazes de fazer cinco coisas ao mesmo tempo e são capazes mesmo! Eu olhava o meu sobrinho... ele estudava, ele lia com o computador ligado no MSN, conversando com as pessoas pela internet, o som ligado e a tv ligada! Eu não acreditava... Ele dizia "Ô, tia, tô estudando!". Agora que ele tem 22 anos, ele me fala coisas surpreendentes... eu pergunto: "Mas, onde você aprendeu isso tudo?". "Eu pesquisei, tia, eu li...", e eu que achava que aquilo não ia dar em nada! E deu! Eu não consigo, mas ele consegue! Eles são assim... Então, como é que essa pessoa que faz cinco coisas ao mesmo tempo se relaciona com uma outra que faz uma? Tem que ter um querer dos dois lados, tem que ter boa vontade, senão não "rola"... (Renata, 40 anos).

ANEXO 4

UMA SENHORA ESCREVE SOBRE A SOLIDARIEDADE ENTRE GERAÇÕES ¹*

A SOLIDARIEDADE ENTRE GERAÇÕES
LETÍCIA DE SOUZA TOZZI

Solidariedade, atitude e sentimento moral e social unem as pessoas na defesa de interesses comuns da família ou da comunidade em geral. Assumindo responsabilidades de auxílio mútuo, cada indivíduo, criança, jovem, adulto ou idoso, passa a sentir o dever moral e social de apoiar, amparar e proteger o outro.

A solidariedade se adquire através da educação, da vivência e dos exemplos. Para que haja solidariedade entre as gerações é necessário proporcionar meios que levem as pessoas a se tornarem solidárias, como, por exemplo: encontros informais, festivos, culturais ou de lazer entre as gerações para que haja troca de conhecimentos e experiências positivas, benéficas e úteis, porque existem conhecimentos e experiências prejudiciais e inúteis.

Nas sociedades atuais, notamos a formação de grupos com separação por faixas etárias. Conforme o caso, essas divisões até são necessárias, mas,

---

1 * Dona Letícia me ofereceu essas reflexões por ocasião de uma palestra que proferi em sua cidade, Piracicaba. Vale registrar que ela escreveu essas reflexões em 1994, vários anos antes do presente estudo e antes também da maioria das pesquisas brasileiras no campo intergeracional. É preciso dizer ainda que se trata de uma pessoa que se relaciona muito bem com crianças, e assim o faz simplesmente porque sente muito carinho por elas, sendo por elas, na mesma medida, recompensada. Um círculo virtuoso, portanto.

podendo evitá-las, será melhor; precisamos dar oportunidades a todos de se encontrarem, se conhecerem e se ajustarem da melhor forma possível, visando sempre o bem-estar comum. É desse *tête-à-tête* que nasce a amizade, o respeito e a solidariedade.

Sempre se espera que os jovens sejam solidários aos mais velhos, mas poucos esperam que essa solidariedade seja recíproca. Então, esses idosos se tornam velhos em suas maneiras de pensar e agir, acreditando nada mais terem a fazer a não ser, quando muito, realizar algum trabalho manual (quando a vista ajuda!), assistir televisão ou ajudar a criar os netos, se esquecendo completamente de que são detentores do único poder que o jovem jamais terá: o poder da sabedoria. Ah! Mas os jovens não querem ouvir conselhos! – dirão alguns. – Ora! Ora! E onde está a intuição e a sabedoria adquiridas ao longo da existência se não se aprendeu ao menos como aconselhar ou falar com as crianças e jovens, sem ser petulante ou arrogante, achando-se conhecedor de tudo ou dono da verdade?

O idoso não tem o direito nem deve se ausentar do mundo, assim como quem nasce com um dom artístico não tem o direito de negar aos outros o prazer de sua arte. A arte do idoso é a sua experiência e sabedoria. Essa sabedoria e os conhecimentos adquiridos são passados de geração para geração através da convivência social. Portanto, a velhice jamais terá significado de fim, porque as pessoas se perpetuam e se projetam através de seus descendentes.

A grande mãe Natureza, em sua sapiência, inventou o envelhecimento como forma de forçar os seres humanos a valorizarem mais o seu intelecto do que a sua estrutura física. Quando jovens, acreditamos que tudo pode ser resolvido "no braço" ou na força ou com a beleza do corpo. Conforme envelhecemos, já não mais podendo contar com todo o nosso vigor físico, passamos a adquirir mais compreensão e sabedoria.

A solidariedade entre as gerações não vai morrer nunca. Fraternidade e solidariedade caminharão juntas porque sempre haverá pais ou educadores que orientarão seus filhos ou alunos e estes, os de "bom coração", serão atenciosos e solidários com seus pais, avós e outros. Haverá idosos que sorrirão para os jovens, sorrisos esses que serão incentivos para que eles, os jovens, se tornem "bons" em tudo o que fizerem ou realizarem. E, na estrada da vida, enquanto a moçada está indo, os idosos, da terceira ou da quarta idade, estão voltando e, nesse vaivém, há sempre uma parada, um lugar alegre e florido, mesmo sendo imaginário, comum a todas as idades, onde as pessoas param para descansar e meditar, ou mesmo para brincar ou sorrir.

Solidariedade entre gerações parece um sonho, mas não é. Os mais incrédulos, instáveis e hesitantes perguntarão: Como? Pela educação e organização da família e da sociedade, por exemplo.

Com apoio e amparo municipal, estadual e federal haveria formação de grupos sociais reunidos em associações ou centros de convivência com sedes e locais próprios (como os do Sesc) que teriam como objetivo desenvolver o espírito de solidariedade, integração e bem querer. Com essa aproximação, jovens adultos e idosos se conheceriam melhor, os preconceitos e estigmas, tão comuns hoje em dia, desapareceriam, dando lugar para que essas gerações sejam amigas, cordiais e solidárias. Entre elas, não haveria "idades": todos seriam seres humanos com direitos e deveres.

Nossa sociedade está muito estratificada: crianças de um lado, com campanhas, estatutos e tudo, idem com os adolescentes, os adultos sufocados pelas dificuldades da vida e os idosos, com raras exceções, "jogados às traças", como diz a gíria popular. Esses idosos estão se isolando ou sendo isolados e, cada vez mais, se distanciando das crianças e jovens, e isso não é bom nem salutar. Não é com essa separação que haverá o desenvolvimento da solidariedade tão indispensável à vida de uma sociedade, pois ela engloba: amor ao próximo, auxílio mútuo, bem-estar e felicidade.

Piracicaba, 23/8/1994.

Referências Bibliográficas

ABER, Sara, ATTIAS-DONFUT, Claudine. *The Myth of generational conflict: the family and state in ageing societies.* Nova York: Routledge, 2000.

ABRAMO, Helena Wendel. "Condição juvenil no Brasil contemporâneo". Em: ABRAMO, Helena Wendel et alii. *Retratos da juventude brasileira: análise de uma pesquisa nacional.* São Paulo: Fundação Perseu Abramo / Instituto Cidadania, 2005, pp. 37-72.

Ação Griô Nacional. Disponível em: <http://www.acaogrio.org.br/acao-grio-nacional>.

ALVES, Rubem. *As cores do crepúsculo: a estética do envelhecer.* Campinas: Papirus, 2001.

_____. [Entrevista]. *A terceira idade.* São Paulo: abr. 2002, n° 24, pp. 73-87.

ALTMAN, Raquel Z. "Brincando na história". Em: PRIORE, Mary Del D. (Org.). *História das crianças no Brasil.* São Paulo: Contexto, 2000, pp. 231-258.

ARENDT, Hannah. *Entre o passado e o futuro.* 4. ed. São Paulo: Perspectiva, 1997.

_____. *A condição humana.* 10. ed. Rio de Janeiro: Forense Universitária, 2003.

ARIÈS, Philippe. *História social da criança e da família.* Rio de Janeiro: Zahar, 1981.

ARISTÓTELES. *Ética a Nicômaco. Livro VIII.* Trad. Edson Bini. 2. ed. Bauru: Edipro, 2007.

ATTIAS-DONFUT, Claudine. "Loisir et formation des générations". Em: *Gerontologie et société.* Paris: 1980, n° 15, pp. 9-28.

_____. *Sociologie des générations.* Paris: Presses Universitaires de France, 1988.

BALTES, Paul; SMITH, Jacqui. "Novas fronteiras para o futuro do envelhecimento: da velhice bem sucedida do idoso jovem aos dilemas da quarta idade". Trad. Anita Liberalesso Néri. *A terceira idade.* São Paulo: Sesc Sp, 2006, vol. 17, n° 36, p. 7.

BARROS, Myriam Lins de. *Autoridade e afeto.* Rio de Janeiro: Jorge Zahar, 1987.

BAUMAN, Zygmunt. *Identidade.* Rio de Janeiro: Zahar, 2005.

BEAUVOIR, Simone de. *A velhice.* Rio de Janeiro: Nova Fronteira, 1990.

BENJAMIN, Walter. *Magia e técnica, arte e política. Ensaios sobre literatura e história da cultura. Obras escolhidas.* 7. ed. Vol. 1. São Paulo: Brasiliense, 1994.

BLACKBURN, Simon. *Dicionário Oxford de filosofia.* Rio de Janeiro: Jorge Zahar, 1997.

Bosi, Ecléa. *Memória e sociedade: lembranças de velhos*. São Paulo: T. A. Queiroz Editor, 1979.

_____. Em: *Universidade aberta à terceira idade*. São Paulo: Universidade de São Paulo – USP, 2º semestre, 2003a. Catálogo.

_____. "A atenção em Simone Weil". *Psicologia USP*. São Paulo: 2003b, vol. 14, n° 1, pp. 11-20.

_____. *O tempo vivo da memória: ensaios de psicologia social*. São Paulo: Ateliê, 2003c

Boutinet, Jean-Pierre. "L' adulte en question face aux défis d'une culture posindustrielle". Em: *Dialogue: recherches cliniques et sociologiques sur le couple et la famille*. Paris: 1992, n° 75, pp. 81-88.

Brasil. *Estatuto do idoso*: Lei Federal n° 10.741, de 01 de outubro de 2003. Brasília: Secretaria Especial dos Direitos Humanos, 2004.

Brenner, Ana Karina *et alii*. "Culturas do lazer e do tempo livre dos jovens brasileiros". Em: Abramo, Helena W. *et alii*. *Retratos da juventude brasileira: análise de uma pesquisa nacional*. São Paulo: Fundação Perseu Abramo / Instituto Cidadania, 2005, pp. 175-214.

Camarano, Ana Amélia (Org.). *Os novos idosos brasileiros: muito além dos 60?* Rio de Janeiro: Ipea, 2004.

_____. "Envelhecimento da população brasileira: uma contribuição demográfica". Em: Freitas, Elizabete Viana de *et alii*. *Tratado de geriatria e gerontologia*, 2. ed. Rio de Janeiro: Guanabara Koogan, 2006, pp. 88-105.

Carranca, Adriana. "Conflito de gerações ficou no passado". *Jornal da Tarde*. São Paulo, 14 de junho de 2009.

Carta aberta à nação: avaliação e perspectivas do estatuto do idoso. São Paulo: Sesc SP, 2005.

Cícero, Marco Túlio. *Saber envelhecer e a amizade*. Trad. Paulo Neves. Porto Alegre: L&PM, 1997.

Correa, Olga B. Ruiz. "Transmissão psíquica entre gerações". *Psicologia USP*. São Paulo: 2003, vol.14, n° 3, pp. 35-45.

Debert, Guita. "Representações do papel do idoso na sociedade atual". Em: *Anais do I Seminário Internacional sobre Envelhecimento Populacional: uma agenda para o final do século*. Brasília: Ministério da Previdência e Assistência Social, 1998.

_____. *A reinvenção da velhice: socialização e processos de reprivatização do envelhecimento*. São Paulo: Edusp / Fapesp, 1999.

Dumazedier, Joffre. *Sociologia empírica do lazer*. Trad. Sílvia Mazza; J. Guinsburg. São Paulo: Perspectiva / Sesc SP, 1999. Coleção debates.

efe. "Expectativa de vida sobe e mortalidade infantil cai no Brasil" [Seção Vida e Saúde]. *O Estado de S. Paulo*. São Paulo: 21 abr. 2009. Em <http://www.estadao.com.br/noticias/vidae,mortalidade-infantil-no-mundo-cai-27-em-17-anos-diz-oms,374636,0.htm>. Também em <http://www.estadao.com.br/noticias/vidae,expectativa-de-vida-dos-brasileiros-alcanca-73-anos-diz-oms,374596,0.htm> , 1 jun. 2009.

Elias, Norbert. *O processo civilizador. Uma história dos costumes*, Vol. 1. Rio de Janeiro: Jorge Zahar, 1994.

_____. *Sobre o tempo*. Rio de Janeiro: Jorge Zahar, 1998.

ENRIQUEZ, Eugène. *Da horda ao Estado: psicanálise do vínculo social*. Trad. Teresa Cristina Carreteiro; Jacyara Nasciutti. Rio de Janeiro: Zahar, 1990.

ERIKSON, Erik. *O ciclo de vida completo*. Porto Alegre: Artmed, 1998.

EVERARTS, Geneviève. "Entr'âges et la solidarité à l'échelle du quartier". Em: PITAUD, Philippe ; VERCAUTEREN, Richard (Orgs.). *Intergénéracion en Europe: recherche et dinamisation de la cohésion sociale*. Toulose: Editions Erès, 1995, pp. 107-114.

FEATHERSTONE, Mike. "A velhice e o envelhecimento na pós-modernidade". *A terceira idade*. São Paulo: ago.1998, Ano X, n° 14, p. 5.

FERICGLA, Josep. *Envejecer: una antropología de la ancianidad*. Barcelona: Anthropos, 1992.

FERREIRA, Aurélio Buarque de Holanda. *Novo dicionário da língua portuguesa*. 2. ed. Rio de Janeiro: Nova Fronteira, 1986.

FERRIGNO, José Carlos. "Grupos de reflexão sobre o envelhecimento: uma proposta de reconstrução da autonomia de homens e mulheres na terceira idade". *Gerontologia*. São Paulo: mar. 1998, vol. 6, n° 1, pp. 27-33.

_____. "O estigma da velhice: uma análise do preconceito aos velhos à luz das ideias de Erving Goffman". *A terceira idade*. São Paulo, abr. 2002, n° 24, pp. 48-52.

_____. *Coeducação entre gerações*. 2. ed. São Paulo: Edições Sesc SP, 2010.

_____. "A identidade do jovem e do velho: questões contemporâneas". Em: *Velhices: reflexões contemporâneas*. Vários autores. São Paulo: Edições Sesc SP / PUC, 2006, pp. 11-23.

_____. "Educação para os velhos, educação pelos velhos e a coeducação entre gerações: processos de educação não formal e informal". Em: PARKER, Margareth & GROPPO, Luis Antônio (orgs.). *Velhice e educação*. São Paulo: Unisal, 2009a, pp. 271-287.

_____. *O conflito de gerações: atividades culturais e de lazer como estratégia de superação, com vistas à construção de uma cultura intergeracional solidária*. São Paulo: Instituto de Psicologia da Universidade de São Paulo, 2009b [orientador: Paulo de Salles Oliveira].

_____; LEITE, Maria L. C. de B; ABIGALIL, Albamaria. "Centros e grupos de convivência de idosos: da conquista do direito ao lazer ao exercício da cidadania". Em: FREITAS, Elizabete Viana de *et alii Tratado de geriatria e gerontologia*. 2. ed. Rio de Janeiro: Guanabara Koogan, 2006, pp. 1436-1446.

FINGERMAN, Karen. " 'We had a nice little chat - Age and generational differences in mothers and daughters' descriptions of enjoyable visits". *The Journal of Gerontology Series B*. Blacksburg: 2000, v. 55, n° 2, pp. 95-106.

FONER, A. & KERTZER, D.I. "Intrinsic and extrinsic sources of change in life-course transitions". Em: *Aging from birth to death*, M. W. Riley: AAA-Etats-Unis, 1979.

FORACCHI, Marialice. *A juventude na sociedade contemporânea*. São Paulo: Pioneira, 1972.

FRANÇA, Lucia Helena; SOARES, Neusa Eiras. "A importância das relações intergeracionais na quebra de preconceitos sobre a velhice". Em: VERAS, Renato (Org.). *Terceira idade: desafios para o terceiro milênio*. Rio de Janeiro: Relume-Dumará, UnATI, UERJ, 1997.

FRANKL, Viktor E. *Em busca de sentido: um psicólogo no campo de concentração*. 26. ed. Petrópolis: Vozes / São Leopoldo: Sinodal, 2008.

FRANZ, Marie-Louise von. "O processo de individuação". Em: JUNG, Carl Gustav (Org.). *O homem e seus símbolos*. Rio de Janeiro: Nova Fronteira, 1977, pp. 158-229.

FREEDMAN, Vicky A, et alii. "Intergenerational transfer: a question of perspective". *The Gerontologist*. Fairfax: 1991, vol. 31, n° 5, pp. 640-647.

FREIRE, Paulo. *Pedagogia do oprimido*. 4. ed. São Paulo: Paz e Terra, 1977.

_____. *Pedagogia da autonomia: saberes necessários à prática educativa*. São Paulo: Paz e Terra, 1996.

FREUD, Sigmund. *Totem e Tabu*. Obras Completas, tomo II. 3. ed. Madri: Biblioteca Nueva, 1973.

Fundação Beth Johnson. Disponível em: <http://www.centreforip.org.uk>.

FUNDACIÓN LA CAIXA. *Convocatòria d'iniciatives intergeneracionals: catálog de projectes*. Barcelona: La Caixa, 1994.

GOLDANI, Ana Maria. "Relações intergeracionais e reconstrução do estado de bem-estar. Por que se deve repensar essa relação para o Brasil?" Em: CAMARANO, Ana Amélia (Org.). *Os novos idosos brasileiros. Muito além dos 60?* Rio de Janeiro: Ipea, 2004, pp. 211-250.

GOLDFARB, Delia. Texto baseado em fala no Seminário Velhice Fragilizada, Sesc SP, 2006. Disponível em: <http://www.sescsp.org.br/sesc/conferencias_new/subindex.cfm?Referencia=4818&ParamEnd=5>. Acesso em: 15 de março de 2008. Anais Eletrônicos.

_____ & LOPES, Ruth Gelehrter da Costa. "Avosidade: a família e transmissão psíquica entre gerações". Em: FREITAS, Elizabete Viana de et alii. *Tratado de geriatria e gerontologia*. 2. ed. Rio de Janeiro: Guanabara Koogan, 2006, pp. 1374-1382.

GOLDMAN, Sara Nigri. "As dimensões sociopolíticas do envelhecimento". Em: PY, Ligia et alii (Orgs.). *Tempo de envelhecer: percursos e dimensões psicossociais*. Rio de Janeiro: Nau, 2004, pp. 61-76.

HALL, G. Stanley. *Adolescence: its psychology and its relations to physiology, anthropology, sociology, sex, crime, religion, and education*, vol. 2. Nova York: Appleton, 1904.

HEAD, Herbert. *A redenção do robô*. São Paulo: Summus, 1986.

HELD, Thomas. "Institutionalization and deinstitutionalization of the life course". *Human Development*. Denver: 1986, vol. 29, n° 3, pp. 157-162.

HOUAISS, Antonio. *Dicionário Houaiss da língua portuguesa*. Rio de Janeiro: Objetiva, 2001.

Instituto Brasileiro de Geografia e Estatística – IBGE. "Projeção da população do Brasil por sexo e idade: 1980-2050. Revisão 2008". http://www.ibge.gov.br/home/estatistica/populacao/projecao_da_populacao/2008/projecao.pdf, 4 maio 2009.

Instituto Nacional de Estudos e Pesquisas Educacionais Anísio Teixeira - INEP, Ministério da Edcuação. Disponível em: [Tópicos de educação]. http://www.inep.gov.br/pesquisa/thesaurus/thesaurus.asp?te1=122175&te2=122350&te3=37499, 28 out. 2008.

Instituto de Pesquisa Econômica Aplicada - IPEA. "Pesquisa Nacional por Amostra de Domicílios (Pnad)", 2007, 18 de setembro de 2008. Disponível em: http://www.ipea.gov.br/sites/000/2/comunicado_presidencia/08_10_07_Pnad_PrimeirasAnalises_N11demografia.pdf. Acesso em 1 de junho de 2009.

JARES, Xesús. *Educação e conflito: guia de educação para convivência*. Porto: Asa, 2002.

JOHNSON, Elizabeth S. & BURSK, Barbara J. "O relacionamento entre os idosos e os filhos adultos". Tad. Elvira Mello Wagner. Em: WAGNER, Elvira M. *Cadernos do Curso de Gerontologia Social*. São Paulo: Instituto Sedes Sapientiae, 1982, pp. 1-13.

Jornal da Tarde. *Conflito de gerações ficou no passado*. Matéria publicada em 14 de junho de 2009. Disponível em: http://txt.jt.com.br/editorias/2009/06/14/ger-1.94.4.20090614.7.1.xml. Acessado em 16 de julho de 2009.

JUNG, Carl Gustav (org.). *O homem e seus símbolos*. Rio de Janeiro: Nova Fronteira, 1977.

KEHL, Maria Rita. [Entrevista para o Caderno de Cultura]. *O Estado de S. Paulo*. São Paulo: 19 abr. 2009.

LAPASSADE, Georges. *A entrada na vida*. Lisboa: Edições 70, 1975.

LAPLANCHE, Jean & PONTALIS, Jean-Bertrand. *Vocabulário da psicanálise*. São Paulo: Martins Fontes, 1983.

LETANG, Olivier. "Vingt-cinq ans d'écrits sur les relations entre les générations". Em: PITAUD, Philippe & VERCAUTEREN, Richard. *L'intergénération en Europe*. Toulose: Erès, 1995, pp. 151-168.

LEVINE, R. A. "Intergenerational tensions and extended family structures in Africa". Em: SHANAS, E. and STREIB, G., *Social structure in the family: generational relation*. New York: Prenctive Hall, 1965.

LIMA, Cristina Rodrigues. *Programas intergeracionais: um estudo sobre as atividades que aproximam as diversas gerações*. Campinas: Alínea, 2008.

LONG, M. Valora & MARTIN, Peter. "Personality, relationship closeness, and loneliness of oldest old adults and their children". *The Journal of Gerontology Series B: Psychological Sciences and Social Sciences*. Blacksburg: 2000, vol. 55, n° 5, pp. 311-319.

LYE, Diane N. "Adult child-parent relationships". *Annual Reviews of Sociology*. Palo Alto: 1996, vol. 22, pp. 79-102.

MAGNANI, José Guilherme C. *Festa no pedaço: cultura popular e lazer na cidade*. São Paulo: Brasiliense, 1984.

MALDONATO, Mauro. *Raízes errantes*. São Paulo: Edições Sesc SP / Editora 34, 2004.

MANNHEIM, Karl. "The problems of generations". Em: *Essays on the Sociology of Knowledge*. Londres: Routledge; Kegan Paul, 1952, pp. 276-322.

MARTINS, Joel. "Não somos cronos, somos Kairós". Em: *Revista Kairós. Gerontologia*. São Paulo: 1998, vol. 1, n° 1, pp. 11-24.

MEAD, Margaret. *Cultura y compromiso. Estudio sobre la ruptura generacional*. Trad. Eduardo Goligorsky. Buenos Aires: Grancia, 1971.

MEDEIROS, Suzana A. da R. "O lugar do velho na família". Em: PY, Ligia. *Velhice nos arredores da morte: a interdependência na relação entre idosos e seus familiares*. Porto Alegre: Edipucrs, 2004, pp. 185-193.

MEIRELES, Cecília. "Retrato". *Viagem* (1939). Em: SECCHIN, Antonio Carlos (Org.), *Poesia completa*, Vol. 1, Rio de Janeiro: Nova Fronteira, 2001, p. 232.

_____. "Reinvenção". *Vaga música* (1942). Em: SECCHIN, Antonio Carlos (Org.) *Poesia completa*, Vol. 1. Rio de Janeiro: Nova Fronteira, 2001, pp. 411-412.

MELLO, Thiago de. [Entrevista]. *A terceira idade*. São Paulo: fev. 2009, n° 44, pp. 75-87.

MIRANDA, Danilo Santos de. [Entrevista]. *A terceira idade*. São Paulo: set. 2003, n° 28, pp. 81-102.

Moody, H.R. "Overview: what is critical Gerontology and why is it important?" Em: Cole, T.R. et al. (Orgs.). *Voices and visions of aging: toward a critical Gerontology*. Nova York: Springer, 1993, pp. 19-40.

Moragas, Ricardo. "Les relations intergénérationnelles en Espagne". Em: Pitaud, Philippe ; Vercauteren, Richard (Orgs.). *L'intergéneracion en Europe: recherche et dinamisation de la cohésion sociale*. Toulose: Erès, 1995, pp. 73-92.

_____. *Gerontologia social: envelhecimento e qualidade de vida*. Trad. Nara C. Rodrigues. São Paulo: Paulinas, 1997.

Moscovici, Serge. *Representações sociais: investigações em psicologia social*. Petrópolis: Vozes, 2003.

Mucida, Ângela. *O sujeito não envelhece: psicanálise e velhice*. 2. ed. Belo Horizonte: Autêntica, 2006.

Neri, Anita L. "As políticas de atendimento aos direitos da pessoa idosa expressas no Estatuto do Idoso". *A Terceira Idade*. São Paulo: out. 2005, n° 34, p. 7.

Newman, Sally et al. *Intergenerational programs: past, present and future*. Washington: Taylor & Francis, 1997.

Autor não identificado. "Expectativa de vida sobe e mortalidade infantil cai no Brasil". *O Estado de S. Paulo*. São Paulo: 2009. Disponível em: <http://www.estadao.com.br/noticias/vidae,expectativa-de-vida-dos-brasileiros-alcanca-73-anos-diz-oms,374596,0.htm>. Acessado em: 01 de junho de 2009.

Oliveira, Paulo de Salles. "O lúdico na vida cotidiana". Em: Bruhns, Heloisa Turini (Org.). *Introdução aos estudos do lazer*. Campinas: Editora da Unicamp, 1997, pp. 11-32.

_____ (Org.). *Metodologia das ciências humanas*. São Paulo: Hucitec / Unesp, 1998.

_____. *Vidas compartilhadas: cultura e coeducação de gerações na vida cotidiana*. São Paulo: Hucitec / Fapesp, 1999.

_____. "Conflitos e diálogos entre gerações". *A terceira idade*. São Paulo: nov. 2008, n° 43, p. 59.

Organização das Nações Unidas – onu. *Plano de ação internacional para o envelhecimento, Madri 2002*. Brasília: Secretaria dos Direitos Humanos, 2003.

_____. "Population Division of the Department of Economic and Social Affairs of the United Nations Secretariat *World populations prospects: the 2004 revision, highlights*. Nova York: United Nations, 2005. Também em <http://www.un.org/esa/population/publications/WPP2004/2004Highlights_finalrevised.pdf>. Acessado em: 2 de março de 2009.

Osborne, Lori N. & Fincham, Frank D. "Conflict between parents and their children". Em: *Conflict in personal relationships*. Hillsdale: Lawrence Erlbaum, 1994, pp. 117-141.

Platão. "Carta aos amigos". Em: Platão; Cicero; Plutarco. *Amigos e inimigos: como identificá-los*. Trad. Renata Cordeiro. São Paulo: Landy, 2009, pp. 13-44.

Prado, Adélia. [Entrevista]. *A terceira idade*. São Paulo: nov. 2001, n° 23, pp. 71-83.

Py, Ligia. *Velhice nos arredores da morte: a interdependência na relação entre idosos e seus familiares*. Porto Alegre: Edipucrs, 2004.

Quintana, Mário. "A Coisa". *Do Caderno H*. Porto Alegre: Globo, 1973.

QUIROGA. Olga L. L. de. [Entrevista]. *A terceira idade*. São Paulo: jun. 2007, n° 39, pp. 79-94.

RAMOS, Elsa. "As negociações no espaço doméstico: construir a 'boa distância' entre pais e jovens adultos 'coabitantes' ". Em: BARROS, Myriam Lins de. *Família e gerações*. Rio de Janeiro: Editora FGV, 2006, pp. 91-106.

RENK, Kimberly *et al*. "An examination of conflict in emerging adulthood between college students and their parents". *Journal of Intergenerational Relationships*. Nova York: 2006, vol. 4, n° 4, pp. 43-61.

RIFIOTIS, Theophilos. "Grupos etários e conflito de gerações: bases antropológicas para um diálogo interdisciplinar". Revista *Política e Trabalho*. João Pessoa: 1995, n° 11, pp. 105-123.

ROCHEBLAVE-SPENLÉ, Anne-Marie. *Psicologia do conflito*. Trad. Olympia Salete Rodrigues. São Paulo: Duas Cidades, 1974.

SALGADO, Marcelo Antonio. "Escola Aberta para idosos: uma nova abordagem sócio-educativa". *Cadernos da Terceira Idade*. São Paulo: Sesc SP, 1977, n° 1, p. 19-24.

SANT'ANNA, Denise Bernuzzi de. "Entre o corpo e os incorporais". Em: Vários autores, *Velhices: reflexões contemporâneas*. São Paulo: Edições Sesc SP / PUC, 2006, pp. 101-112.

SARTRE, Jean-Paul. *El ser y la nada: ensayo de ontología fenomenológica*. Buenos Aires: Losada, 1998.

SCHIRRMACHER, Frank. *A revolução dos idosos: o que muda no mundo com o aumento da população mais velha*. Rio de Janeiro: Campus / Elsevier, 2005.

SINGER, Paul. "A juventude como corte: uma geração em tempos de crise social". Em: ABRAMO, Helena W, et. alii (Orgs.). *Retratos da juventude brasileira: análise de uma pesquisa nacional*. São Paulo: Fundação Perseu Abramo / Instituto Cidadania, 2005, pp. 27-35.

TOM ZÉ [Antônio José Santana Martins]. [Entrevista]. *A terceira idade*. São Paulo: out. 2008, n° 43, pp. 70-94.

TREVISAN, Rosana (Coord.). *Moderno dicionário Michaelis da língua portuguesa*. São Paulo: Melhoramentos, 2007.

VELHO, Gilberto. *Subjetividade e sociedade: uma experiência de geração*. Rio de Janeiro: Jorge Zahar, 1989.

VENTURI, Gustavo & BOKANY, Vilma. "A velhice no Brasil: contrastes entre o vivido e o imaginado". Em: NERI, Anita L. (Org.). *Idosos no Brasil: vivências, desafios e expectativas na terceira idade*. São Paulo: Edições Sesc SP / Fundação Perseu Abramo, 2007, pp. 21-31].

WEIL, Simone. *A condição operária e outros estudos sobre a opressão*. 2. ed.Trad. Therezinha Gomes Garcia Langlada. Seleção e apresentação Ecléa Bosi. São Paulo: Paz e Terra, 1996.

Agradecimentos

Às crianças, aos adolescentes, aos jovens adultos e aos adultos idosos, por confiarem a mim suas experiências de relacionamento com outras gerações.

Aos educadores do Sesc SP, pela acolhida em seus locais de trabalho, pelo ambiente favorável fornecido para a realização das observações e entrevistas e pelos ricos depoimentos ofertados.

À direção do Sesc São Paulo, pela disponibilização de condições para esta pesquisa.

Aos colegas de equipe de trabalho, Beth, Carla, Celina, Cláudio, Lilia, Marta e Regina Sodré, pelo apoio.

Ao meu orientador Paulo de Salles Oliveira pelas conversas esclarecedoras e produtivas.

Às professoras da banca examinadora da tese de doutorado sobre a qual se baseou esta obra, Ecléa Bosi, Suzana Aparecida da Rocha Medeiros, Maria Inês Assumpção Fernandes e Ruth da Costa Lopes, pela atenção e interesse por este estudo.

À Carol, Mayra e Iracema, pela vibrante torcida pelo meu sucesso.

Ao Carlos Corvalan e ao Odair Furtado, pelas discussões acaloradas e inspiradoras desde há muitos e muitos anos.

À Regina Amaral, companheira amorosa e dedicada, pelo permanente incentivo e pelas pacientes revisões de texto.

Sobre o autor

José Carlos Ferrigno nasceu em São Paulo no ano de 1954. Doutor, mestre e psicólogo pela Universidade de São Paulo. Especialista em Gerontologia pela Sociedade Brasileira de Geriatria e Gerontologia e pela Universidade de Barcelona. Especialista em Gestão de Programas Intergeracionais pela Universidade de Granada, Espanha. Foi professor convidado dos cursos de especialização em Gerontologia do Centro Universitário São Camilo, do Instituto Sedes Sapientiae, da Universidade Federal de São Paulo – Unifesp e da PUC São Paulo. É consultor de empresas e instituições socioculturais no planejamento, acompanhamento e avaliação de programas de preparação para a aposentadoria, de ocupação do tempo livre e lazer do trabalhador aposentado e de programas intergeracionais. Autor de artigos sobre aspectos psicológicos e sociais do envelhecimento, sexualidade e vida afetiva na velhice, relações intergeracionais na família, no trabalho e em entidades socioculturais. Ex-assessor e pesquisador da Gerência de Estudos e Programas da Terceira Idade do Sesc São Paulo, ex-editor do periódico *A terceira idade* e ex-coordenador do Programa Intergeracional Sesc Gerações. Também publicou o livro *Coeducação entre gerações* pelas Edições Sesc SP em duas edições (2003 e 2010).

FONTES: DANTE E UNIVERS | PAPEL: PÓLEN SOFT 80G
DATA: AGOSTO/2013 | TIRAGEM: 2.000
IMPRESSÃO: GRÁFICA EDITORA AQUARELA